Computerwissen kompakt

für Schule und Beruf

von

Birgit Wurl

2., völlig überarbeitete Auflage

Handwerk und Technik – Hamburg

Autoren und Verlag bedanken sich bei den nachfolgenden Firmen für die Unterstützung, insbesondere für die Bereitstellung von Bildern.

Apple Inc., Cupertino, Kalifornien, USA, www.apple.com/de 34, 43, 44
AMD Advanced Micro Devices GmbH, Dornach b. München, www.amd.com/de 16
Cherry, ZF Friedrichshafen AG, Electronic Systems, Auerbach/OPf., www.cherry.de 1, 10
EPSON Deutschland GmbH, Meerbusch, http://www.epson.de 11, 13, 14
Fujitsu Technology Solutions GmbH, München, www.fujitsu.com/de 3, 4, 9, 11
GIGABYTE, G.B.T. Technology Trading GmbH, Hamburg, www.gigabyte.de 4, 5
Hewlett-Packard GmbH, Böblingen, www.hp.com/de 1, 12, 14, 16
Hitachi Europe Ltd., Berkshire, Großbritannien, www.hitachi.de 17
Intel GmbH, Feldkirchen/München, www.intel.de 5, 6
Kingston Technology GmbH, München, www.kingston.de 7, 20
Lenovo (Deutschland) GmbH, Stuttgart, www.lenovo.de 1
Microsoft Deutschland GmbH, Unterschleißheim, www.microsoft.com 25, 34, 36 ff., 45 ff.
Neuland GmbH & Co.KG, Eichenzell, www.neuland-world.com 101, 102
OKI Systems (Deutschland) GmbH,· Düsseldorf, www.oki.de 13
Paragon Technologie GmbH, Freiburg, www.paragon-software.de 26
SanDisk Germany, Düsseldorf Ratingen, www.sandisk.de 23
Sony Optiarc Europe GmbH, Ismaning, www.sony-optiarc.eu 22

ISBN 978-3-582-0**3368**-0

Verlag Handwerk und Technik GmbH,
Lademannbogen 135, 22339 Hamburg;
Postfach 63 05 00, 22331 Hamburg – 2013

E-Mail: info@handwerk-technik.de
Internet: www.handwerk-technik.de

Umschlagmotiv: Fujitsu Technology Solutions GmbH, München, www.fujitsu.com/de
Fotolia Deutschland, Berlin, © www.fotolia.de (ag visuell)
Umschlag-Motivgestaltung, Layout, Satz und Lithos: tiff.any GmbH, Berlin
Druck und Bindung: Konrad Triltsch Print und digitale Medien GmbH, 97199 Ochsenfurt-Hohestadt

Dieses Buch wurde für den Unterricht an allgemeinbildenden Schulen, Berufsschulen, Berufskollegs und Fachschulen konzipiert, eignet sich aber ebenso zum Selbststudium. In kompakter Form vermittelt es das Grundwissen zu moderner Computer-Hardware, Betriebssystem- und Anwendungssoftware. Schwerpunkte sind das Betriebssystem *Windows 7*, die Textverarbeitung *Microsoft Word*, die Tabellenkalkulation *Microsoft Excel* und die Präsentationssoftware *Microsoft PowerPoint*.

Zudem gibt das Buch zahlreiche Tipps zu den Themen Virenschutz, Datensicherung und -wiederherstellung, Surfen im Internet, E-Mail-Versand sowie zum Umgang mit Social Media.

Die zahlreichen Übungen wenden Schritt für Schritt die Theorie an. Das Buch kann sowohl als Nachschlagewerk für zu Hause wie auch als Übungsbuch im Unterricht verwendet werden.

Ergänzende Übungsdateien und Arbeitsblätter stehen auf **www.handwerk-technik.de** zum kostenlosen Download bereit.

Die Verfasserin

1 GRUNDLAGEN

Allgemeines

Computer begleiten unseren Alltag. Ob die Waschmaschine zu Hause, das ABS-System im Auto oder die Kasse im Supermarkt – überall treffen Sie auf informationsverarbeitende Systeme. Der Einsatz von Personalcomputern (PCs) ist privat und in allen Bereichen der Wirtschaft selbstverständlich geworden. Diese Entwicklung wurde durch die zunehmende Leistungsfähigkeit der Hardware und die angepasste Software begünstigt.

Abb. 1.1 Computerarbeitsplatz

1.1 Hardware – Software

Ein Computer besteht aus einer Vielzahl von Komponenten, die jedoch ohne Programme nicht einsatzbereit sind. Deshalb bilden erst Hardware und Software zusammen eine funktionsfähige Einheit.

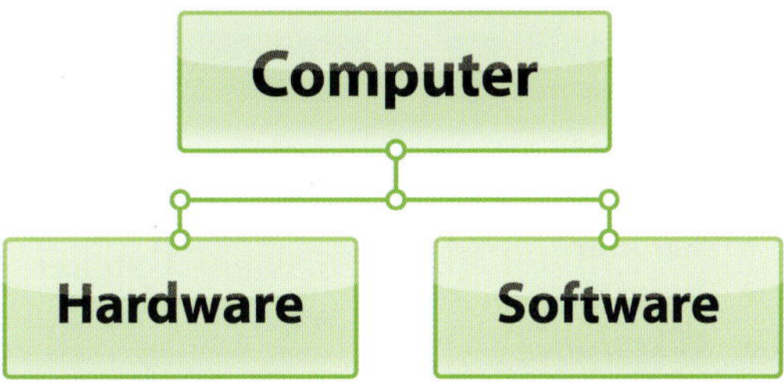

Abb. 1.2 Hardware und Software bilden einen funktionsfähigen Computer

Hardware

Hardware sind alle technischen Bestandteile eines Computers, das heißt alle Geräte einschließlich deren Bestandteile. Bei einem Computerarbeitsplatz sind das zum Beispiel Monitor, Tastatur, Computergehäuse und CD.
▶ „Alles, was man anfassen kann."

Abb. 1.3 Die geöffnete Seitenabdeckung gibt den Blick auf die Bauteile des Computers frei

Software

Software hingegen können Sie nicht anfassen, denn das sind alle Daten und Programme, die den Computer benutzbar machen.

Die jeweils installierte Hardware verwandelt einen PC in ein persönliches Arbeitsgerät. Ob Drucker, Blu-ray-Brenner, USB-Stick, Scanner, Webcam oder Dolby-Surround-Soundkarte etc., es lassen sich die vielfältigsten Geräte an den Computer anschließen.

1.2 Übersicht über die Hardware eines PCs

EVA Prinzip

Alle Computertypen – ob PC oder Waschmaschine – funktionieren nach dem EVA-Prinzip: **E**ingabe ▶ **V**erarbeitung ▶ **A**usgabe

Abb 1.4 EVA-Prinzip

Diese Darstellung bezieht sich nur auf den Ablauf der Datenverarbeitung. Kein Computer kann jedoch die Kreativität, Fantasie und das Beurteilungsvermögen eines Menschen ersetzen. Der Vorteil einer Datenverarbeitungsanlage im Vergleich zum Menschen liegt in der Fähigkeit, erheblich mehr Daten speichern und in wesentlich kürzerer Zeit verarbeiten zu können.

Einteilung Hardware

Die Hardware eines Computers lässt sich unterschiedlich einteilen.

Der folgenden Grafik wurde wiederum das EVA-Prinzip zugrunde gelegt.

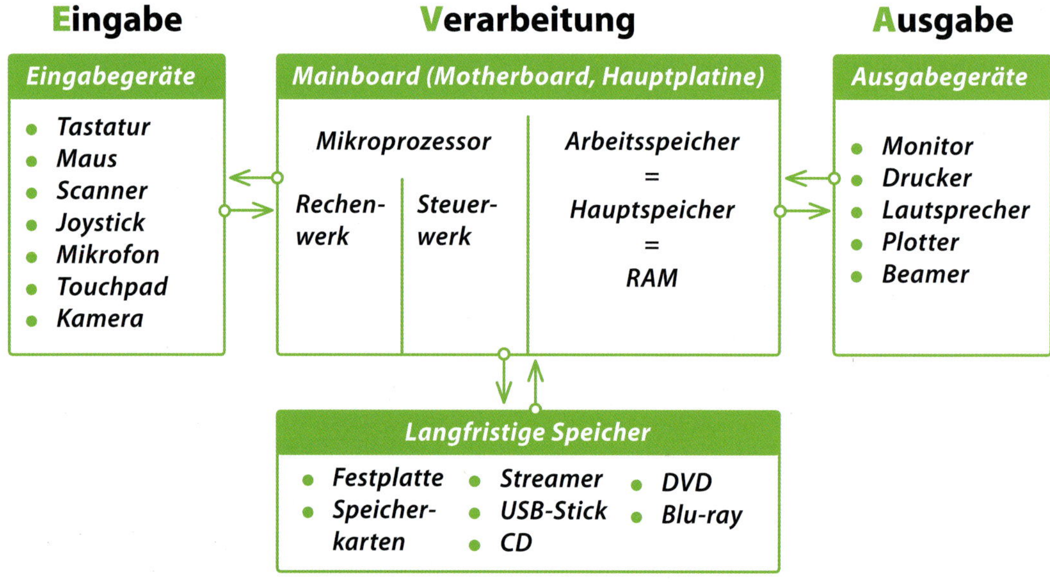

Abb. 1.5 Einteilung der Hardwarekomponenten nach dem EVA-Prinzip

Hier wurden nur die Bestandteile einer Standardausrüstung berücksichtigt, wie sie privat und im Büroalltag zu finden sind.

Bit, Byte

In der Datenverarbeitung wird die kleinste Informationseinheit als **Bit** (binary digit ▶ binary = aus zwei bestehend; digit = Ziffer) bezeichnet. Mit einem Bit lassen sich genau zwei Zustände darstellen (an/aus). Die Zahlengrundlage im Binärsystem ist deshalb die Zahl 2. Zum Vergleich: Im Dezimalsystem ist es die Zahl 10, da mit einer Stelle zehn verschiedene Ziffern dargestellt werden können. 8 Bits werden zu 1 Byte zusammengefasst. 1 Byte entspricht dabei einem Zeichen.

Darstellung der Zahl 38 als Binärzahl und als Dezimalzahl:

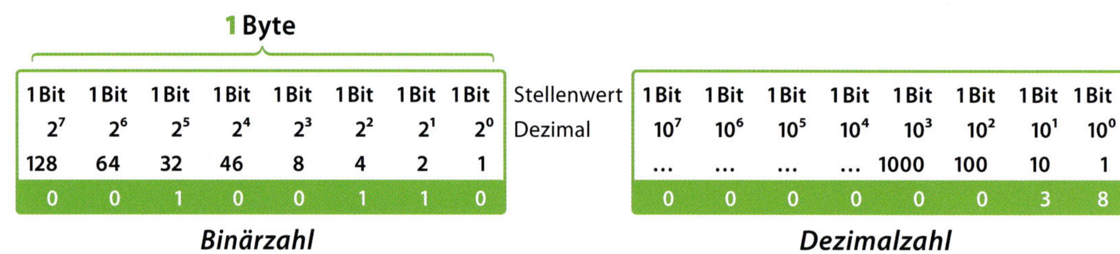

1 Byte

1 Bit	1 Bit	1 Bit	1 Bit	1 Bit	1 Bit	1 Bit	1 Bit	Stellenwert
2^7	2^6	2^5	2^4	2^3	2^2	2^1	2^0	Dezimal
128	64	32	46	8	4	2	1	
0	0	1	0	0	1	1	0	

Binärzahl

1 Bit	1 Bit	1 Bit	1 Bit	1 Bit	1 Bit	1 Bit	1 Bit
10^7	10^6	10^5	10^4	10^3	10^2	10^1	10^0
...	...	...	...	1000	100	10	1
0	0	0	0	0	0	3	8

Dezimalzahl

Abb. 1.6 Bits und Bytes

Das Byte ist die **Einheit für die Speicherkapazität** eines Computers. 1024 Bytes (= 2^{10} Bytes) entsprechen 1 **Kilobyte** (KB oder KByte); 1024 Kilobytes ergeben 1 **Megabyte** (MB oder MByte); 1024 Megabyte (MB oder MByte) sind ein Gigabyte (GB).

ANSI-Code

Computer verwenden also einen bestimmten Code, um sich mit der Außenwelt zu verständigen. Eine Verarbeitung von Buchstaben, Zahlen und Zeichen kann erst erfolgen, wenn diese in das Binärsystem (Dualsystem) umgewandelt sind. Der sogenannte ANSI-Code ist der Standard, der festlegt, welches Zeichen in welche Binärzahl umgewandelt wird. Er ist ein 8-Bit-Code, wodurch insgesamt 256 Zeichen darstellbar sind. Der ANSI-Code umfasst neben dem deutschen Schriftsatz mit Groß- und Kleinbuchstaben auch Buchstaben aus anderen Schriftsätzen, Ziffern und Sonderzeichen sowie spezielle Steuerzeichen für Textbearbeitung, Grafiken und Drucker. Da nicht alle Sprachen die gleichen alphabetischen Zeichen haben (Bespiele: Arabisch, Russisch), muss dieser Code jeder Sprache angepasst werden.

1.3 Bauformen von Personalcomputern

Bauformen

Vor der Anschaffung eines Computers steht die Entscheidung für eine der drei Bauformen: Notebook, Desktop oder Tower. Dabei sind folgende Fragen hilfreich:

- Bleibt der PC an einem festen Standort oder wird er an unterschiedlichen Orten benötigt?
- Wird Austauschbarkeit oder Erweiterbarkeit von Komponenten gewünscht?
- Wie viel Platz steht für den PC und seine Peripheriegeräte zur Verfügung?

Abb. 1.7 Bauformen von Personalcomputern

Notebook

Notebooks (Laptops) zeichnen sich dadurch aus, dass sie an verschiedenen Orten einsatzbereit sind. Sie arbeiten sogar einige Zeit ohne Stromanschluss. Zudem brauchen sie wenig Platz und sind selbst für Businessanwendungen gut geeignet. Qualitativ hochwertige Laptops sind hinsichtlich Verarbeitung, Lautstärke der Lüftung und Zuverlässigkeit durchaus vergleichbar mit den anderen Bauformen. Bei einem Notebook ist es allerdings aufwendig und oft kostspielig, dessen Komponenten zu verändern.

Abb. 1.8 Notebook

Desktopcomputer

Ein **Desktop** lässt sich problemlos auf einem Tisch platzieren. Dadurch ist der Zugriff auf Schalter, Schnittstellen und Laufwerke sehr unkompliziert. Manchmal kann der Monitor sogar auf das Grundgerät gestellt werden. Der Desktop ist ideal für den Homebereich, da hier je nach Bedarf einzelne Komponenten nachgerüstet werden können.

Tower

Der **Tower** (oder Midi-Tower) ist relativ groß und muss auf dem Boden oder Schreibtisch platziert werden. Für Computerbastler oder professionelle Anwendungen eignet sich dieser besonders gut, da dank seiner Erweiterbarkeit und des verfügbaren Bauraums Komponenten nach- und aufgerüstet werden können. Unter anderem besteht die Möglichkeit, weitere Festplatten einzubauen.

Abb. 1.9 Desktopcomputer

Komplettsysteme, bestehend aus Computer, Monitor und Drucker, gibt es in unterschiedlichster Ausstattung. Ausgehend vom Anwendungsbereich und mit einem soliden Grundwissen über Hardwarebestandteile und deren Leistungsfähigkeit findet sich für jeden der passende Computer! Da die Technologien einem schnellen Wandel unterliegen, sollten Sie sich von einer(m) Fachfrau(mann) beraten lassen, zumal die Unterschiede in der Ausstattung den Preisvergleich zwischen den einzelnen Systemen erschweren.

1.4 Mainboard

Mainboard

Auf dem Mainboard (Motherboard, Hauptplatine) befinden sich unter anderem der Mikroprozessor, das Bussystem, die Arbeitsspeichermodule, das CMOS für Systemeinstellungen, Steckplätze für Erweiterungskarten, externe Schnittstellen für Maus und Tastatur sowie diverse andere Anschlussmöglichkeiten wie USB.

1. CPU-Sockel
2. Slots für Arbeitsspeicher (blau/weiß: DDR3 Module)
3. Hauptstromanschluss
4. Festplattenanschlüsse
5. CMOS_Batterie
6. DIE-Anschluss, z. B. für optische Laufwerke
7. Fire-Wire-Anschluss
8. Disketten-Anschluss
9. COMA, serieller Anschluss
10. Steckplätze für Erweiterungskarten
11. Rückblenden-Anschlüsse

Abb. 1.10 Mainboard

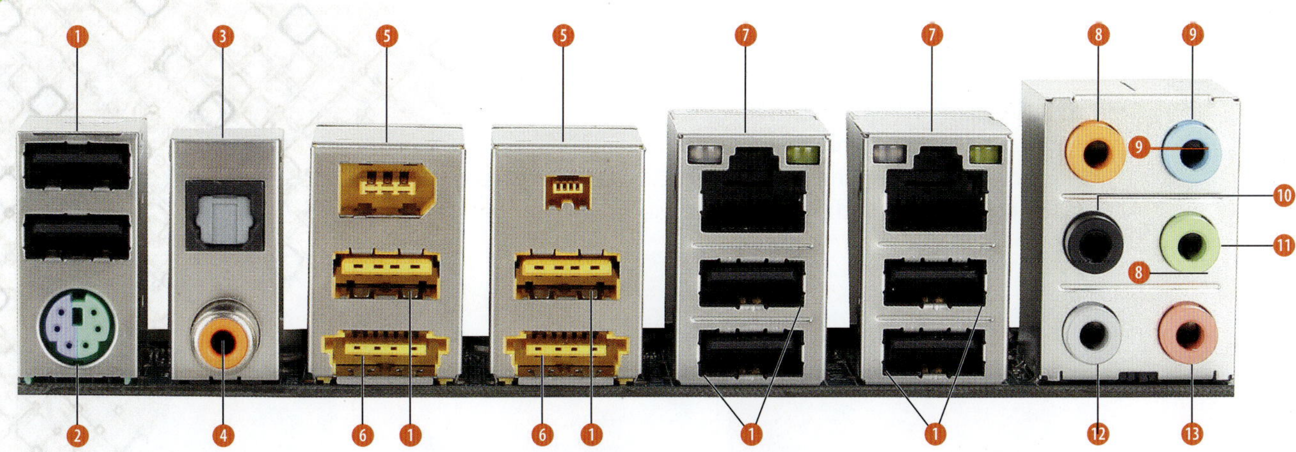

1. USB-Anschluss
2. PS/2-Anschluss
3. Optischer S/PDIF-Ausgangsanschluss; ermöglicht Digitalaudioausgabe zu einem externen Audiosystem
4. Koaxialer S/PDIF-Ausgangsanschluss; ermöglicht Digitalaudioausgabe zu einem externen Audiosystem
5. IEEE 1394a-Anschluss, schneller Datenaustausch ziwschen Computer und Multimedia- oder anderen Peripheriegeräten
6. eSATA/USB-Kombo-Anschluss, Anschluss externer Festplatten und anderer USB-Geräte
7. LAN-Anschluss, Internetverbindung
8. Mittel-/Subwoofer-Lautsprecherausgangsanschluss
9. Line-In-Anschluss, Verbindung von optischen Laufwerk oder Playern
10. Rücklautsprecherausgangsanschluss
11. Line-Out-Anschluss, Anschluss von Kopfhörern oder Lautsprechern
12. Seitenlautsprecherausgangsanschluss
13. Mikrofoneingangsanschluss

Abb. 1.11 Externe Anschlüsse (Schnittstellen) des Mainboards

Mikroprozessoren (CPU, engl.: **C**entral **P**rocessing **U**nit) werden nicht nur in PCs eingesetzt. Man findet sie in allen Lebensbereichen: Stereoanlage, Waschmaschine, ABS, Geldautomat etc.

Die CPU ist die Hauptkomponente und zentrale Verarbeitungseinheit eines Computers. Sie organisiert den gesamten Datenverkehr im System (mit über 100 Mio. bis zu 1,7 Mrd. Transistoren).

(a)

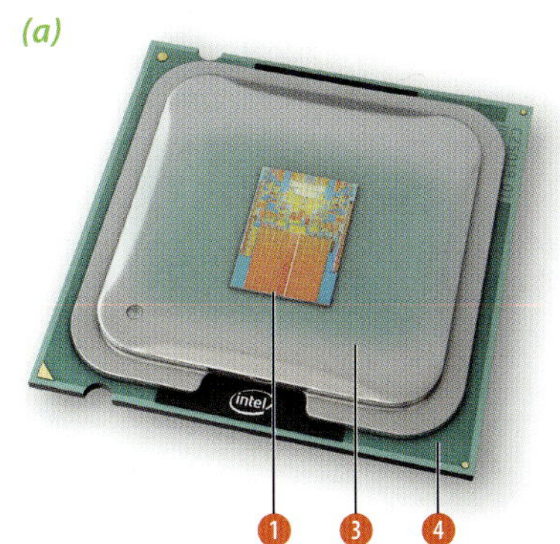

(b)

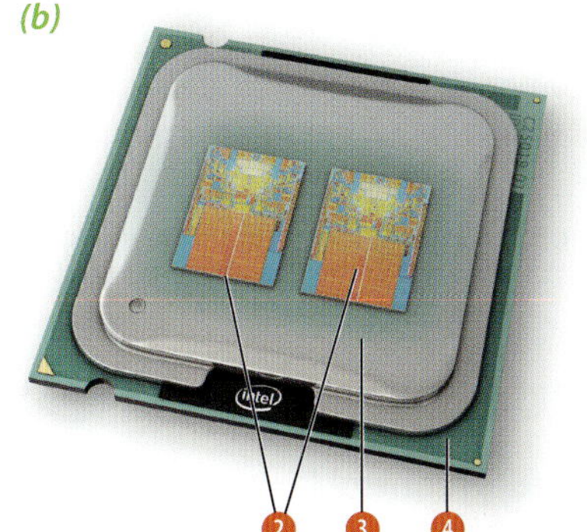

(c)

1. Der Chip mit zwei Rechenkernen trägt auf einer Fläche von 107 mm^2 410 Millionen Transistoren.
2. Mikroprozessor Quad Core: Jeder der beiden Chips besteht aus jeweils zwei Rechenkernen.
3. Diese Metallkappe schützt den Prozessor und sorgt für gute Wärmeableitung.
4. Substrat/Träger: Platine, die den Chip trägt und die Verbindung zu Motherboard und Chipsatz des PCs herstellt.

Abb. 1.12 Intel Core 2 Duo (a), Quad Core (b) und Core i7 (c)

Der Chip, das Herzstück eines Computers, ist etwa so groß wie eine Cent-Münze (ca. 12,7 x 12,7 mm).

Wafer

Chips werden nicht einzeln hergestellt, sondern auf sogenannten Wafern. Das sind Siliziumscheiben mit einem Durchmesser von 300 mm und einer Dicke von 775 µm (0,775 mm). In Reinräumen werden darauf die Chips produziert – in zahlreichen ebenso komplizierten wie langwierigen Verfahren und Arbeitsschritten.

Abb. 1.13 Abmessung eines Chips

Abb. 1.14 Wafer (a) und in Vergrößerung sichtbare Chips im Vergleich mit einer Cent-Münze (b)

Taktfrequenz

Der Mikroprozessor hat einen geregelten, gleichbleibenden Takt, der durch einen kleinen Schwingquarz gesteuert wird. Die Geschwindigkeit, mit der das Steuerwerk und alle anderen Bestandteile des Mikroprozessors Daten verarbeiten können, ist die Taktfrequenz. Die Frequenz wird allgemein in Hz (Hertz) angegeben; da die Taktfrequenzen jedoch im Millionen- oder gar Milliardenbereich liegen, werden sie in MHz (Megahertz) und GHz (Gigahertz) zusammengefasst: 1 GHz = 1 Mrd. Schaltimpulse pro Sekunde.

Die Prozessoren wurden aufgrund neuer Technologien und Materialien immer schneller. Inzwischen werden Mikroprozessoren mit sechs Kernen sowie Taktfrequenzen von 3,2 bis 3,6 GHz angeboten, das heißt, dass jeder Rechenkern 3,2 bis 3,6 Mrd. Arbeitsschritte je Sekunde erledigt. Weil sich der Prozessor bei intensiver Belastung stark erhitzt, wird er entweder über Kühlelemente oder über einen auf den Prozessor montierten kleinen Lüfter gekühlt.

Der Mikroprozessor eines Computers kann Buchstaben, Befehle und sämtliche Informationen nur in digitaler Form verarbeiten. Das bedeutet, dass der Prozessor nur mit sogenannten Bits arbeiten kann, die jeweils den Wert 0 oder 1 haben. Diese Bits werden in Achtergruppen zu 1 Byte zusammengefasst. 1 Byte entspricht dabei einem Zeichen. Ein leistungsfähiger Computer schafft die Umwandlung in Bits und deren Verarbeitung in extrem hoher Geschwindigkeit, millionenfach in einer Sekunde.

Steuerwerk

Auf dem Prozessor sind ein Steuer- und ein Rechenwerk integriert.

Aufgaben des Steuerwerks (Control Unit):

- verantwortlich für zeitliche Folge und Entschlüsselung der Befehle
- steuert die Abarbeitung eines Programms
- Lesen von Daten aus dem RAM
- Speichern von Daten im RAM
- Verarbeitung der Eingaben und Ausgaben peripherer Geräte

Aufgaben des Rechenwerks:

Rechenwerk

- verknüpft Daten miteinander
- Durchführen von Rechenoperationen

Der Mikroprozessor mit integriertem Rechen- und Steuerwerk verarbeitet die Befehle und organisiert den Datenverkehr des Computers.

Arbeitsspeicher (RAM, Hauptspeicher)

Der Arbeitsspeicher (RAM, engl.: **R**andom **A**ccess **M**emory, übers.: Direktzugriffsspeicher) besteht aus mehreren Chips und ist das schnellste Speichermedium im Computer. Seine Zugriffszeit liegt im Nanosekundenbereich:
1 Nanosekunde = 0,000'000'001 Sekunden.

Der Arbeitsspeicher in einem Computer dient dazu, Daten, die während eines Programmablaufs benötigt werden, kurzfristig zu speichern. Dabei verändert sich der Inhalt des Arbeitsspeichers ständig, weil immer wieder Daten gelöscht und neue gespeichert werden.

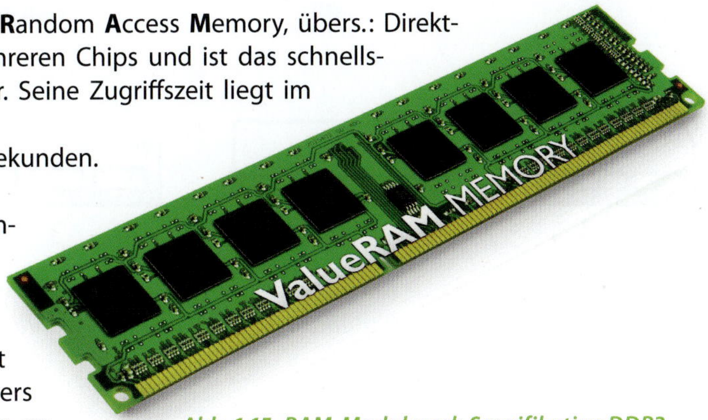

Abb. 1.15 RAM-Modul nach Spezifikation DDR3

Beim Einschalten des Computers ist der Arbeitsspeicher erst einmal leer. In der Startphase sorgt das BIOS (engl.: **B**asic **I**nput **O**utput **S**ystem) dafür, dass der Computer ein paar Dinge über sich selbst erfährt. Dieses rudimentäre „Betriebssystem" ist im ROM (engl.: **R**ead **O**nly **M**emory, übers.: Nur-Lese-Speicher) untergebracht und wird beim Hochfahren des Rechners gestartet. Der PC „erfährt" dabei, dass er das Betriebssystem von der Festplatte starten muss. Anschließend werden die wichtigsten Daten des Betriebssystems und der Anwendungsprogramme von der Festplatte in den Arbeitsspeicher geladen. Je größer dieser Arbeitsspeicher ist, desto mehr Daten können dort bereitgehalten werden. Daten vom Arbeitsspeicher sind schneller verfügbar als Daten von der Festplatte. Während der Arbeit am Computer versuchen die Programme zunächst, viele Daten im Arbeitsspeicher abzulegen. An der Größe des Arbeitsspeichers sollten Sie also nicht sparen – getreu dem Leitsatz: Die einzige Alternative zum Arbeitsspeicher ist mehr Arbeitsspeicher.

Die Größe des Arbeitsspeichers beträgt heute üblicherweise 4 Gigabyte (je nach Betriebssystem und Anwendungen). Beispiele für den Arbeitsspeicherbedarf sind in Tabelle 1.1 genannt:

Tabelle 1.1 Mindestanforderungen an Arbeitsspeichergrößen

Betriebssystem	Einfache Büroanwendungen	Speicheraufwendige Programme (z. B. Spiele)
Windows XP	512 MB	1 GB
Windows Vista	2 GB	4 GB
Windows 7	2 GB	4 GB

RAM speichert Befehle und Daten für den Direktzugriff. Er ist ein flüchtiger Speicher, das heißt: Beim Ausschalten des Computers gehen sämtliche Daten im Arbeitsspeicher verloren. Wichtig für die Arbeit mit dem Computer ist deshalb die regelmäßige Datensicherung!

1.5 Schnittstellen für externe Geräte

USB-Schnittstelle

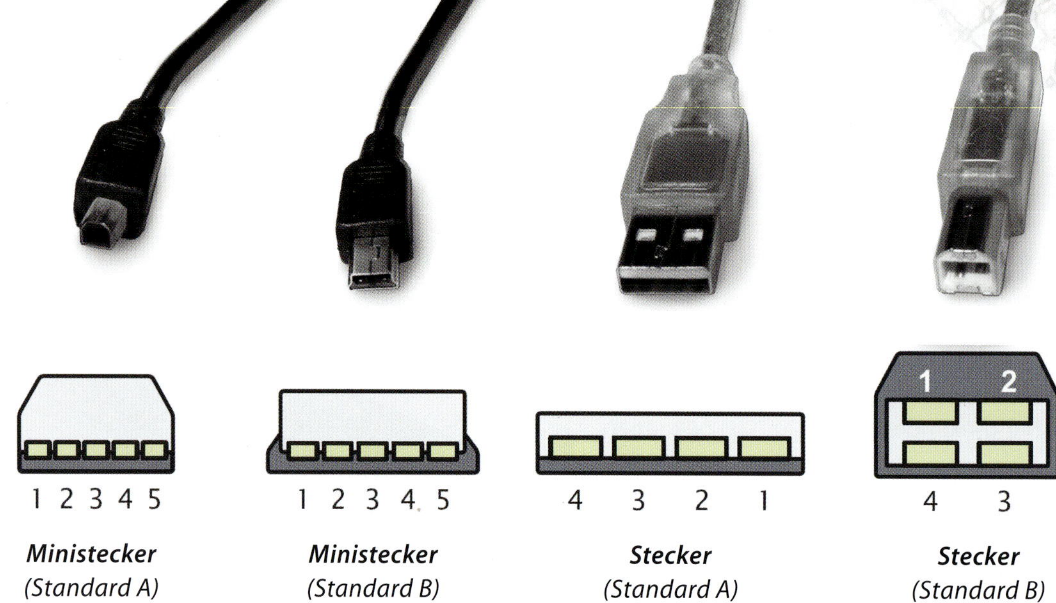

Abb. 1.16 Bauarten von USB-Steckern

Die meisten externen peripheren Geräte wie Drucker und Scanner können heute über die USB-2.0-Schnittstelle, aktuell auch USB 3.0 (engl.: **U**niversal **S**erial **B**us) angeschlossen werden. Für diese Geräte benötigen Sie also nicht verschiedene Anschlüsse am Computer. Viele Geräte funktionieren auch ohne zusätzliche Softwareinstallation.

Deshalb sollten Sie darauf achten, dass genügend USB-Schnittstellen vorhanden und gut erreichbar sind (auch an der Frontseite des Computers). Sollte es trotzdem mal knapp werden, können Sie einen sogenannten Hub kaufen. Dieses handgroße Gerät funktioniert wie ein Verteiler. Es überträgt das USB-Signal an mehrere Ports. Da aber etliche USB-Geräte (Handy, Maus, Kamera, Player etc.) auch Strom über die Schnittstelle ziehen, ist es notwendig, einen Hub mit eigenem Stromanschluss (self powered oder aktiver Hub) zu kaufen.

FireWire

Die FireWire-Schnittstelle wird zur schnellen Übertragung von Mediadateien genutzt, aber auch zum Anschluss externer Massenspeicher wie DVD-Brenner und Festplatten sowie zur Verbindung von Unterhaltungselektronikkomponenten. FireWire wird allerdings zunehmend von USB abgelöst.

Abb. 1.17 FireWire-Stecker und -buchse

Computer-
anschlüsse

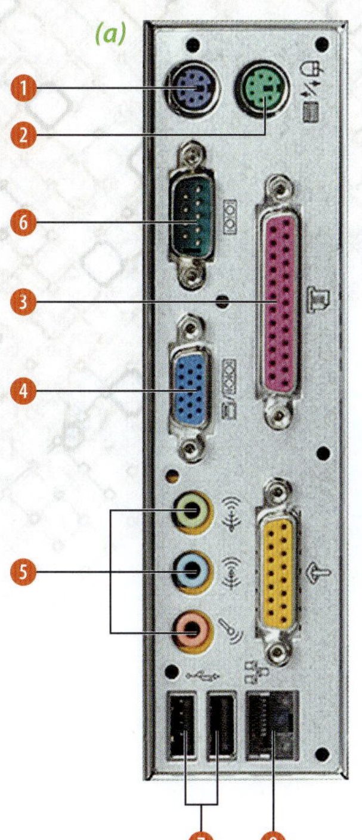

1. PS/2-Anschluss
2. Computeranschluss für Maus
3. parallele Schnittstelle
4. Schnittstelle für Monitor
5. Soundanschlüsse (Mikrofon, Lautsprecher, CD-Player)
6. serielle Schnittstelle
7. USB-Anschluss
8. Netzwerkanschluss
9. Stromanschluss
10. Speicherkartenleser

Abb. 1.18 Schnittstellen eines PCs an Front- und Rückseite

a) Die parallelen und seriellen Schnittstellen haben weitgehend ihre Bedeutung verloren, da die meisten externen Geräte mit USB-Anschluss ausgestattet sind.
b) Anschlüsse eines PCs mit eingesteckter Grafikkarte
c) Anschlüsse eines PCs mit On-board-Grafik

1.6 Eingabegeräte

Tastatur

Die Tastatur ist das wichtigste Eingabegerät und umfasst vier Funktionsbereiche.

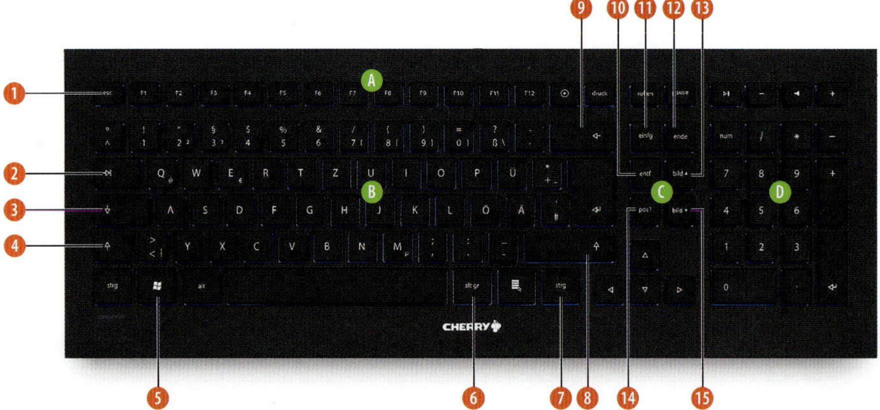

Abb. 1.19 Tastatur

- Ⓐ Funktionstastenblock
- Ⓑ erweiterter Schreibmaschinenblock
- Ⓒ Cursortastenblock
- Ⓓ numerischer Tastenblock

Mit dem Betriebssystem Windows 95 wurde die Standardtastatur um drei Tasten auf insgesamt 105 erweitert.

1. **Escape:** Beenden eines Befehls
2. **Tabulator:** In Textprogrammen springt der Cursor (siehe Seite 11) um ein gewähltes Maß weiter. In Windowsfenstern können Sie mit dieser Taste alternative Befehlsfelder auswählen.
3. **Caps Lock:** dauerhafter Wechsel auf die 2. Tastenbelegung
4. **Shift:** erzeugt die Zeichen der 2. Tastenbelegung, z. B. Großbuchstaben, Doppelpunkt
5. **Windows:** Öffnen und Schließen des Startmenüs
6. **Alternativ Germany:** Erzeugung der 3. Tastenbelegung, z. B. @ € µ
7. **Kontextmenü:** entspricht dem rechten Mausklick
8. **Return:** Befehle werden bestätigt; in Textprogrammen: Setzen eines Absatzes
9. **Backspace:** löscht vor dem Cursor
10. **Entferntaste:** löscht hinter dem Cursor
11. **Einfügetaste:** Umschaltung zwischen Einfüge- und Überschreibmodus
12. **Ende:** Cursor springt zum Zeilenende.
13. **Bild ab:** blättert eine Bildschirmseite nach unten (vor)
14. **Position 1:** Cursor springt zum Zeilenanfang.
15. **Bild auf:** blättert eine Bildschirmseite nach oben (zurück)

Darüber hinaus gibt es für viele Funktionen des Betriebssystems und der Anwendungssoftware *Tastenkombinationen*, die mit der Shift-, Steuerungs-, Alternativ- und Alternativ-Germany-Taste erzeugt werden können, z. B.:

Windows:	Alt + F4	▶ schließt aktives Windowsfenster
	Alt + Tabulator	▶ Umschaltung zwischen geöffneten Programmen
Office:	Strg + A	▶ Alles markieren
	Strg + S	▶ Speicherbefehl
	Strg + Pos1	▶ Cursor springt zum Dokumentanfang.

Bei den meisten Programmen besteht auch die Möglichkeit, bestimmte Tastenkombinationen selbst einzurichten

Maus

So, wie Sie die Maus auf dem Tisch bewegen, so bewegt sich ein kleiner Pfeil auf dem Monitor: der Cursor.

Mit ihm können Sie bestimmte Elemente auf dem Bildschirm ansteuern und auswählen.

Abb. 1.20 Kabellose Computermaus

Maustechniken

Grundtechniken:

Zeigen ▶ Cursor wird auf ein Bildschirmobjekt geschoben.
Klicken ▶ Klick mit der rechten oder linken Maustaste
Doppelklicken ▶ zweifaches Klicken mit linker Maustaste, kurz hintereinander
Anfassen/Ziehen ▶ mit gedrückter linker Maustaste ein Objekt verschieben

Die optischen Mäuse haben die mechanischen Mäuse fast vollständig ersetzt. Ein entscheidender Vorteil ist, dass optische Mäuse keine mechanischen Teile haben, sich somit nicht abnutzen und wartungsfrei sind. Sie funktionieren auf allen Flächen, die nicht spiegeln oder lackiert sind.
Die Maus wird entweder über eine PS/2-Schnittstelle oder, immer häufiger, über USB angeschlossen. Ob eine kabellose Maus sinnvoll ist, muss jeder selbst entscheiden, da diese auch leicht unter Papieren verschwinden kann.

Mit dem Eingabegerät *Maus* lässt sich der Cursor über den Bildschirm bewegen, wodurch sich beispielsweise über Menüs bestimmte Programmfunktionen ansteuern und auslösen lassen.

Scanner

Scanner übertragen Texte und Bilder von Papier in den Computer. Dort können diese dann bearbeitet werden. Die Vorlage wird von dem Scanner in Bildpunkte zerlegt und mit einem Analog-Digital-Wandler digitalisiert.

Flachbrett-scanner

Beim Flachbettscanner legt man die Vorlage wie beim Kopierer auf die Glasscheibe: Lichtempfindliche Sensoren werden während des Abtastens unter der Glasscheibe entlanggeführt. Um ein scharfes Bild zu erreichen, muss die Vorlage ganz flach auf der Glasplatte aufliegen. Das kann bei manchen Vorlagen, zum Beispiel Büchern, Probleme bereiten. Die Qualität der Vorlagenübernahme ist auch von der Scanner-Software abhängig.

Abb. 1.21 Flachbettscanner

Auflösung Die Auflösung gibt an, aus wie vielen Bildpunkten ein elektronisches Bild zusammengesetzt ist. Je höher die Auflösung, umso feiner die Darstellung. Üblich sind Auflösungen von 300 bis 1200 dpi (***d**ots **p**er **i**nch* = Punkte pro Zoll ▶ 1 Zoll 2,54 cm). Da *dots* eigentlich die Druckpunkte eines Druckers sind, wird die Auflösung eines elektronischen Bildes korrekterweise in ppi (***p**ixel **p**er **i**nch* = Bildpunkte pro Zoll) angegeben.

Farbtiefe Die Farbtiefe ist das Maß zur Unterscheidung von Farbtönen und wird in Bit angegeben. Für Fotoqualität benötigen Sie eine Farbtiefe von 24 Bit. Die Farben beim Scanner entstehen wie beim Monitor aus den drei technischen Grundfarben Rot, Grün und Blau (RGB-Farben). Ein Bildpunkt entsteht durch Überlagerung dieser drei Farben. Für jede einzelne Farbe werden 8 Bit zur Verfügung gestellt, so dass für jede der drei Farben $2^8 = 256$ Farbnuancen angezeigt werden können. Das entspricht einer Farbtiefe von 24 Bit.

$2^8 \times 2^8 \times 2^8 = 2^{24}$ **entspricht 24 Bit.**
$256 \times 256 \times 256 = 16{,}77$ **Mio. Mischfarben**

Diese Farbtiefe wird auch als True Colors bezeichnet.

Webcam Bilder, die mit der Webcam erstellt werden, können sofort über das Internet übertragen werden. Dabei werden die Bilder in kurzen Abständen aktualisiert. Die Auflösung der Kameras ist im Hinblick auf den Verwendungszweck begrenzt, aber meist ausreichend. Webcams werden zum Beispiel beim Internettelefonieren verwendet. Häufig ist ein Mikrofon in der Kamera integriert. Anschluss und Installation erfolgen meist über eine USB-Schnittstelle.

Abb. 1.22 Webcam an einem Monitor

Digitalisiertablett Mit Hilfe des Digitalisiertabletts (Grafiktablett) können Freihandzeichnungen in den Computer übertragen werden. Dazu wird die Spitze eines Stifts auf einer Platte bewegt. Positionsdaten und Stiftdruck werden auf diese Weise an den Computer weitergeleitet.

1.7 Ausgabegeräte

Drucker Der erste *Drucker,* der in der Geschichte der Drucktechnik erwähnt wird, wurde von Johannes Gutenberg, im Jahre 1450 entwickelt und vornehmlich zur Herstellung von Bibeln verwendet.

Die heutigen Drucker sind natürlich viel komfortabler. Im Prinzip erfüllen die Drucker aber immer noch den gleichen Zweck: Sie dienen dazu, Texte, Bilder und andere Dokumente auf mechanische Weise auf Papier zu bringen.

Der Druckvorgang beim Computer gliedert sich grob gesehen in drei Stufen.

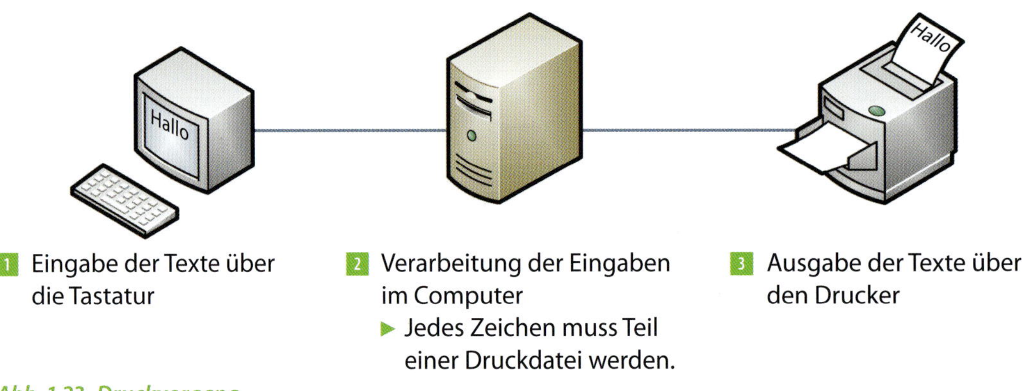

Abb. 1.23 Druckvorgang

Nadeldrucker

Der Nadeldrucker ist der älteste Druckertyp: Die Buchstaben werden auf Papier gebracht, indem 9 bis 48 winzige Nadeln auf ein Farbband „einhämmern". 9-Nadel-Drucker werden heute aber kaum noch verwendet. Nadeldrucker sind extrem laut, doch sie eignen sich gut, um Rechnungen mit Durchschlägen auszudrucken. Zur Senkung der Lautstärke stehen die Drucker häufig in einem schallgedämmten Kasten. Der 24-Nadel-Drucker erreicht eine Auflösung von 360 Punkten pro Zoll (360 dpi). Vorteil: niedrige Kosten.

Abb. 1.24 Nadeldrucker

Tintenstrahldrucker

Bei einem Tintenstrahldrucker wird schwarze oder farbige Tinte in hauchfeinen Tröpfchen aus 9 bis 48 kleinen Düsen auf das Papier gespritzt. Die Düsen erzeugen Punkte, aus denen sich das Zeichen zusammensetzt. Die Tinte befindet sich in einer Patrone, die mechanisch über das Papier geführt wird. Mit Tintenstrahldruckern werden 1200 dpi erreicht, so dass mit verhältnismäßig geringem finanziellen Aufwand eine gute Farbbildqualität erreicht wird. Die Geräte arbeiten geräuscharm. Es können allerdings nur „Originale" angefertigt werden, keine Durchschläge. Anschaffungs- und Betriebskosten sind relativ niedrig, sofern die zu ersetzenden Farbpatronen je Farbe einzeln gekauft werden können.

Abb. 1.25 Tintenstrahldrucker

Laserdrucker

Abb. 1.26 Laserdrucker

Bei einem Laserdrucker „schreibt" ein gebündelter Lichtstrahl (Laser) das Druckbild auf eine Belichtertrommel. An den belichteten Stellen bleibt das Tonerpulver haften. Durch Hitzeeinwirkung wird das Druckbild schließlich auf dem Papier fixiert. Laserdrucker drucken mit einer Auflösung von 1200 dpi. Mittlerweile sind Farblaserdrucker auch für den Hausgebrauch erschwinglich. Vor dem Erwerb eines Geräts sollte man sich nach dessen Schadstofffreiheit während des Betriebs informieren, denn Ozon ist gesundheitsgefährdend!

Plotter

Plotter werden zum Ausdrucken von Zeichnungen benutzt. Sie sind rechnergesteuert.

Bei den sogenannten Flachbettplottern ist die Blattgröße begrenzt (meist DIN A3), weil sie sonst zu viel Platz beanspruchen. Bei Rollenplottern wird unterschieden zwischen Stiftplotter, Rasterplotter, elektrostatischer Plotter und Tintenstrahlplotter.

Gezeichnet wird immer auf Einzelblättern oder Rollenware. Die Herstellung einer 160 m langen Zeichnung wäre somit möglich.

Das Magazin eines Stiftplotters enthält acht Zeichenstifte. Die Zeichnungen können ein- oder mehrfarbig ausgeplottet werden. Die Strichstärken der Stifte werden normgerecht gewählt. Der Stift fährt mit einer Geschwindigkeit von bis zu 1 m/s über das Papier. Hierbei beträgt die Zeichengenauigkeit ±0,2 mm.

Elektrostatische Plotter zeichnen über die gesamte Blattbreite mit einer Vorschubgeschwindigkeit von 100 mm/s. Die Auflösung beträgt maximal 600 dpi.

Plotter verfügen über einen Speicher, in den die Zeichnungsdaten geladen werden. Sie sind teuer und müssen sorgfältig gewartet werden, um stets einwandfreie Zeichenarbeit abzuliefern.

Abb. 1.27 Plotter

Entscheidungskriterien für Drucker

Für den Privat- und einfachen Bürobedarf haben sich Tintenstrahl- und Laserdrucker durchgesetzt: Beide sind hinsichtlich (Farbdruck-)Qualität und Druckgeschwindigkeit durchaus vergleichbar. Für welchen Drucker Sie sich entscheiden, hängt von dem Druckvolumen und nicht zuletzt von den Anschaffungs- und Betriebskosten ab.

In einem Büro, in dem viele Briefe, Rechnungen und Angebote ausgedruckt werden sollen, ist ein Schwarz/Weiß-(Monochrom-)Laserdrucker sinnvoll, soweit nicht die Durchschlagqualitäten eines Nadeldruckers erforderlich sind.

Für die private Nutzung ist ein Farbtintenstrahldrucker meist ausreichend, da er preiswerter ist und beispielsweise auch Farbfotos in guter Qualität ausdrucken kann.

Eine Alternative sind Multifunktionsgeräte, die faxen, kopieren und scannen.

Per Drucker werden Texte, Bilder und Grafiken auf Papier gedruckt (ausgegeben). Üblicherweise werden die Druckdateien vom Computer erzeugt bzw. verarbeitet.

Monitor

Der Nutzer kommuniziert über den Monitor mit dem Computer. Das geschieht bereits sofort nach dem Einschalten: Über den Monitor lässt sich der Bootvorgang bis zur Betriebsbereitschaft verfolgen. Üblicherweise werden auf dem Monitor Texte, Zahlen, Grafiken oder Videos gezeigt.

Zur Angabe der Bildschirmgröße wird dessen Diagonale gemessen. Die Einheit der Bildschirmdiagonale ist Zoll: 1" = 2,54 cm. Für die normale Bürotätigkeit empfiehlt sich ein 17"-Monitor.

- 14 Zoll entspricht 35,56 cm
- 15 Zoll entspricht 38,10 cm
- 17 Zoll entspricht 43,18 cm
- 19 Zoll entspricht 48,26 cm
- 20 Zoll entspricht 50,80 cm
- 21 Zoll entspricht 53,34 cm

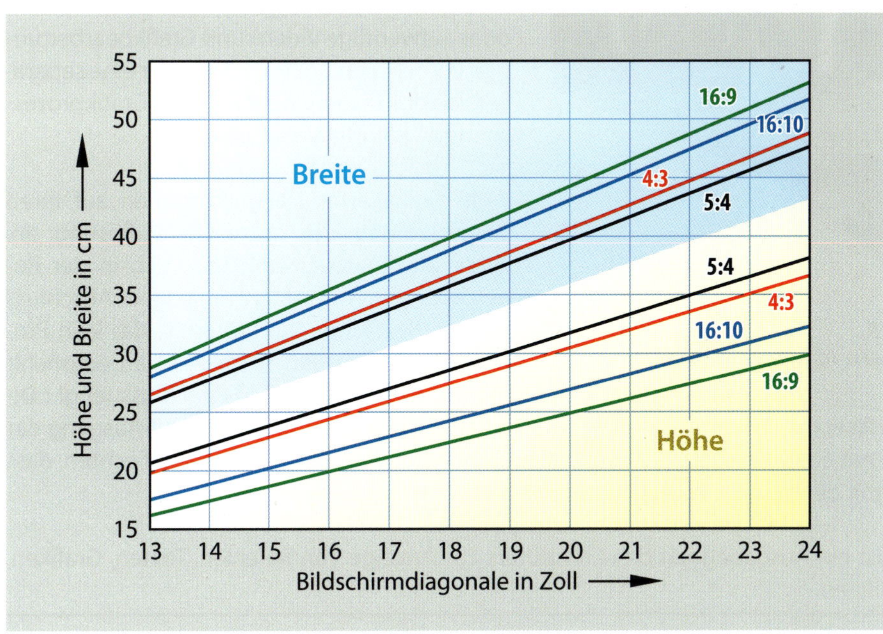

Abb. 1.28 Bildschirmdiagonale

Auflösung

Wie gut ein Monitor „abbilden" kann, hängt von der Art des Monitors und der Grafikkarte ab. Wesentlicher Faktor ist die Auflösung.

Alles, was auf dem Monitor dargestellt wird, besteht aus einer großen Zahl einzelner Bildpunkte (Pixel), jeweils angegeben als Zahlenpaar: Anzahl der waagerechten Bildpunkte (Pixel) × Anzahl der senkrechten Bildpunkte.

Das Bild auf dem Monitor ist also wie ein Mosaik aufgebaut. Je kleiner die einzelnen Mosaiksteinchen (Pixel) sind, desto mehr Pixel gibt es und desto klarer wird das Bild.

Tabelle 1.2 Gängige Auflösungen:

Monitorgröße	Auflösung
17"	1024 × 768
19"	1280 × 1024
21"	1600 × 1200

Ein Monitor, der nur 640 × 480 Pixel darstellen kann, produziert also ein weniger gutes Bild als einer, der 1024 × 768 Bildpunkte zeigt. Die Einteilung des Monitors in Pixel erfolgt durch die Grafikkarte – sofern der Monitor die Auflösung zulässt. Tabelle 1.3 zeigt die Entwicklung der Grafikstandards auf.

Tabelle 1.3 Grafikstandards

Grafikkarte	Auflösung	Pixel
VGA	640 × 480	307.200
EVGA	1024 × 768	786.432
SXGA	1280 × 1024	1.310.720
(Full)HD	1920 × 1080	2.073.600
HSVGA	3200 × 2400	7.680.000

Grafikkarte

Der Monitor muss zu der Grafikkarte des Computers passen, sonst bleibt der Bildschirm schwarz. Die Grafikkarte befindet sich auf dem Mainboard selbst oder – bei einfachen Ausführungen – on board, sprich als Chip auf dem Mainboard.

Abb. 1.29
Grafikkarte mit separatem Lüfter

Bei der On-board-Variante nutzt die Grafikkarte Ressourcen des Arbeitsspeichers für die Bildentstehung. Eine solche Grafikkarte ist nicht ganz so leistungsfähig, reicht aber für Bürotätigkeiten aus.

Möchten Sie allerdings am Computer spielen oder aufwendige Video- und Grafikbearbeitungen vornehmen, sollten Sie sich für eine separate Grafikkarte mit einem eigenen Grafikprozessor und Video-RAM entscheiden.

Viele Grafikkarten-Hersteller geben auf ihren Verpackungen die maximale Auflösung an. Diese Maximalauflösung lässt sich in der Regel aber nur mit einem analogen Anschluss nutzen. Bei Röhrenmonitoren ist das kein Problem; bei modernen TFT-Monitoren empfiehlt es sich, den digitalen DVI-Anschluss (engl.: **D**igital **V**isual **I**nterface) mit seiner besseren Bildqualität einzusetzen. Oft bietet der DVI-Ausgang der Grafikkarte aber nur eine geringere Auflösung. Deshalb sollten Sie bei Neukauf darauf achten, dass Ihr TFT-Monitor mit der maximalen Auflösung der Grafikkarte übereinstimmt.

Der Monitor ist ein Ausgabegerät des Computers zur Anzeige von Befehlen, Texten, Grafiken, Bildern und Filmen.

Flachmonitor

Bei den Flachmonitoren haben sich die TFT-Displays (engl.: **T**hin **F**ilm **T**ransistor) durchgesetzt, basierend auf einer Flüssigkeitskristallanzeige. Dabei wird das Monitorbild nicht zeilenweise aufgebaut, vielmehr bleibt der Monitor ständig beleuchtet.

Das Licht wird über mehrere Leuchtstoffröhren erzeugt, wobei aber nur das Licht einer bestimmten Wellenlänge über den Monitor gleichmäßig verteilt wird. Jedem Leuchtpunkt (Pixel) sind flüssige

Abb. 1.30 Flachmonitor mit TFT-Display und Bilddarstellung aus Subpixeln

Kristalle, ein Farbfilter und ein Transistor zugeordnet. Diese Millionen von Transistoren funktionieren wie eine Art Schalter und sind einzeln ansteuerbar. Je nachdem welche Spannung der einzelne Transistor erzeugt, verändert sich die Lage der Kristalle und damit das Licht, das den Farbfilter durchdringt.

Bei einem Farb-TFT-Display besteht jedes Pixel aus jeweils drei Subpixeln mit den drei technischen Grundfarben Rot, Grün und Blau. Abbildung 1.30 zeigt, wie diese Subpixel innerhalb des quadratischen „Hauptpixels" eine Streifenstruktur ergeben.

Die Vorteile des Flachmonitors:

- Platz sparend
- geringes Gewicht
- Strom sparend
- weitgehend strahlungsfrei
- geringe Wärmeentwicklung
- scharfes, kontrastreiches Bild
- geringe Reflexionen

Kaufkriterien

Problematisch bei Flachmonitoren sind die Helligkeitsunterschiede im Bild, die von dem jeweiligen Betrachtungswinkel abhängen: Bei zu kleinem Blickwinkel müssen Sie zum Arbeiten direkt vor dem Bildschirm sitzen. Bei einem Winkel von 60° können Sie auch zu zweit an dem Monitor arbeiten.

Beim Kauf eines TFT-Monitors gibt es weitere Kriterien, die zu beachten sind. So sollte die *Reaktionszeit der Transistoren*, das heißt die Zeit des Farbwechsels eines Pixels maximal 25 ms betragen.

Eine hohe *Leuchtkraft* sorgt für Brillanz und leuchtende Farben. Die Leuchtkraft wird in Candela gemessen, wobei 1 Candela der Leuchtkraft einer Kerze auf einem Quadratmeter entspricht. Ein gutes Bild wird ab ca. 200 Candela dargestellt. Je höher die Leuchtkraft ist, desto besser die Darstellung.

Das *Kontrastverhältnis* beschreibt das Leuchtverhältnis von schwarzen und weißen Pixeln. Der Wert sollte mindestens 500 zu 1 betragen.

Für einen optimalen Blick auf den Monitor sorgen *höhenverstellbare Bildschirme*. Je nach Bedarf kann die Höhe jederzeit verändert werden.

Nicht zu unterschätzen ist die Anzahl und Art der Fehlerpixel. Wenn Sie bedenken, wie viele Millionen Transistoren auf einem Bildschirm arbeiten, ist ein Fehler nicht unwahrscheinlich. Die Anzahl der Fehlerpixel wird in der Fehlerpixelklasse (I – IV) festgelegt und die Art der Fehler in drei Fehlertypen unterteilt: Fehlertyp 1 ist mit einem ständig weiß leuchtenden Pixel der am meisten störende Fall. Ein ständig schwarzer Pixel wird als Fehlertyp 2 eingestuft. Am wenigsten stört, wenn einer der drei Farbsubpixel rot, grün, blau oder schwarz leuchtet (Fehlertyp 3).

Die folgende Tabelle 1.4 gibt einen Überblick über die Pixelfehlerklassen und Fehlertypen. Die Pixelanzahl bezieht sich jeweils auf eine Million Pixel.

Tabelle 1.4 Fehlerklassen

Pixelfehlerklasse	Fehlertyp 1	Fehlertyp 2	Fehlertyp 3
I	0	0	0
II	2	2	5
III	5	15	50
IV	50	150	500

Bildschirmarbeitsplätze ergonomisch einrichten

Die ergonomischen Erfordernisse eines Computerarbeitsplatzes wird oft vernachlässigt. Sitzen Sie aber täglich am Computer, sollten Sie auf eine ordentliche Arbeitshaltung achten. Dazu gehört in erster Linie ein Augenabstand zum Bildschirm von ca. 50 bis 70 cm. Die erste Zeile des Bildschirms sollte genau in Augenhöhe sein und die Bildschirmfläche parallel zum Gesicht.

In der Schule, wo immer jemand anderes an den verschiedenen PCs sitzt, empfiehlt es sich, höhenverstellbare Stühle anzuschaffen. So kann jeder Schüler vor Unterrichtsbeginn die Stuhlhöhe so einstellen, dass sich die Unterarme parallel zum Schreibtisch befinden. Eine gesunde Sitzhaltung haben Sie dann, wenn die Beine parallel stehen und die Knie etwas unter Hüfthöhe sind. Die Füße sollten flach auf den Boden stehen oder durch eine Fußstütze gehalten werden.

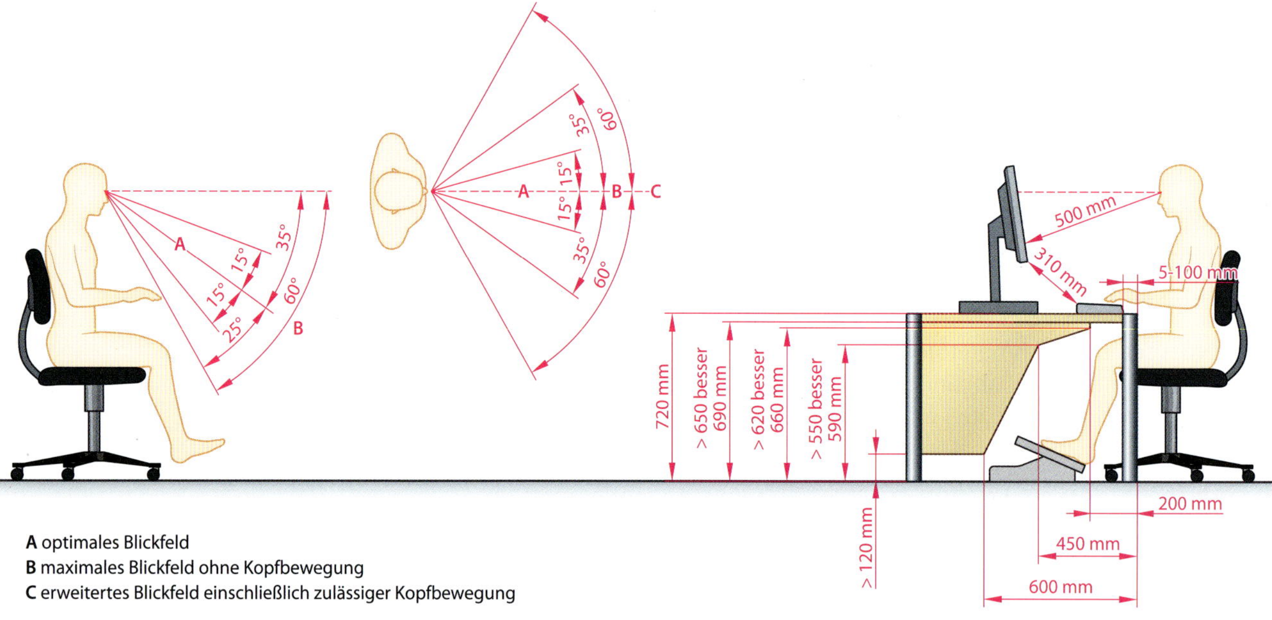

Abb. 1.31 Optimale Sitzhaltung am Computerarbeitsplatz

Lichtreflexionen und -blendungen lassen sich vermeiden, indem Sie den Bildschirm nicht direkt ans Fenster stellen. Tageslicht und künstliche Beleuchtung müssen seitlich auf den Monitor fallen.

Die „Verordnung über Sicherheit und Gesundheitsschutz bei der Arbeit an Bildschirmgeräten" können Sie unter http://www.gesetze-im-internet.de/bildscharbv/ nachlesen.

1.8 Langfristige Speicher und Datensicherung

Festplatten (Hard-Disc)

Menschen haben nicht alle Dinge, die sie wissen müssen, im Kopf – Computer auch nicht (auf der Festplatte).
So wie wir Menschen Bücher oder Notizzettel benutzen, um Wissen jederzeit parat zu haben, gibt es für den Computer verschiedene Möglichkeiten, zum Beispiel Festplatte, CD, DVD, USB-Stick. Die Entwicklung der Speicherkapazitäten und Speichermedien ist rasant. Andere Speichermedien wie Lochkarte und Diskette haben heute nur noch Museumswert.

Die Grundeinheit der Speicherkapazität ist Byte. Allerdings werden bei der Angabe der Speichergrößen Vorsilben verwendet:

- Kilobyte (KB) 1024 Byte
- Megabyte (MB) ca. 1 Mio. Byte (1024 kB)
- Gigabyte (GB) ca. 1 Mrd. Byte (1024 MB)
- Terabyte (TB) ca. 1 Billion Byte (1024 GB)

Auf eine 10-Gigabyte-Festplatte passt eine Textmenge, die, würde sie auf DIN-A4-Seiten ausgedruckt und gestapelt, so hoch wäre wie der Eiffelturm (330 m).

Das wohl wichtigste Speichermedium eines Computers ist die interne Festplatte. Sie dient dem langfristigen Speichern von Daten. Diese Speicherung erfolgt magnetisch.

Aufbau einer Festplatte

Im Inneren der Festplatte befinden sich mehrere starre Glas- oder Aluminiumplatten übereinander. Die magnetische Schicht darauf ist ca. 0,1 µm dick.

Abb. 1.32 Standardmaße für moderne Festplatten 3,5", 2,5", 1,8" und 1"

Abb. 1.33 Größenvergleich zu einem Dominostein

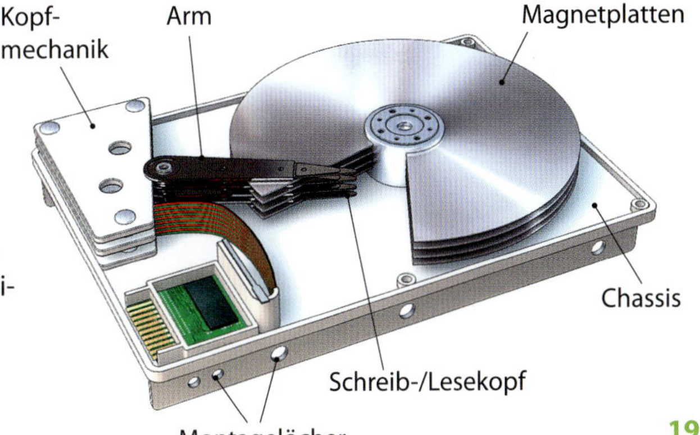

Abb. 1.34 Aufbau einer Festplatte mit den einzelnen Platten sowie Schreib-/Leseköpfen

Die Platten drehen sich mit 10.000 Umdrehungen pro Minute. Das entspricht einer Geschwindigkeit von 361 bis 482 km/h.

Je schneller sich die Festplatte dreht, desto kürzer ist die Zugriffszeit. Das ist die Zeit, die benötigt wird, um auf Daten zugreifen zu können. Bei einer Festplatte ist diese 8 bis 9 Millisekunden (ms) oder 0,008 bis 0,009 Sekunden.

Jede Platte einer Festplatte hat zwei Schreib-/Leseköpfe, mit denen Daten magnetisch geschrieben oder gelesen werden können. Beim Schreiben und Lesen von Daten bewegt sich der Zugriffskamm und steuert die Schreib-/Leseköpfe über die sich drehenden Platten.

Der Schreib-/Lesekopf schwebt bei der Festplatte auf einem Luftpolster von 1,14 µm. Das sind umgerechnet 0,00114 mm.

Abbildung 1.35 zeigt, warum Festplatten staubdicht verschlossen sein müssen. Fremdpartikel innerhalb einer Festplatte würden einen Headcrash (Schreib-/Lesekopf berührt die Oberfläche des Speichermediums) verursachen – und die Festpatte wäre zerstört. Deshalb dürfen Sie eine Festplatte niemals öffnen!

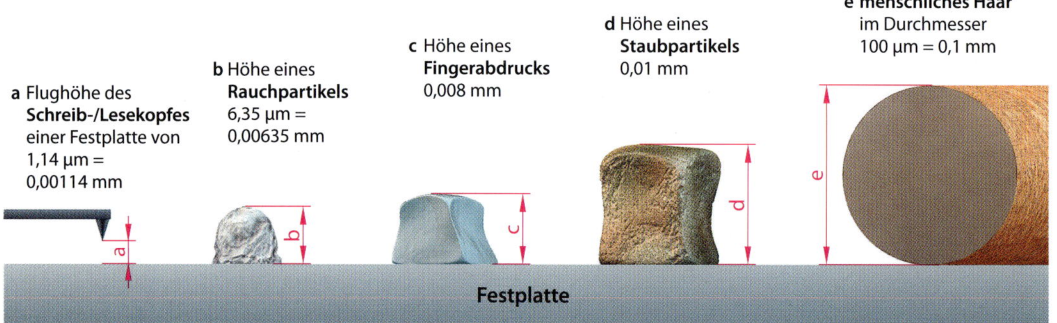

Abb. 1.35 Abstand des Schreib-/Lesekopfes zu den Speicherplatten sowie die zerstörerische Größe von Fremdpartikeln

Die Festplattenkapazitäten (Menge an Daten, die gespeichert werden kann) vergrößern sich ständig. Die ersten Festplatten hatten eine Kapazität von 10 MB (Megabyte). Heute sind es einige TB (Terabyte). Das verführt dazu, immer mehr Programme und Daten zu installieren bzw. zu speichern, so dass irgendwann auch die größte Festplatte belegt ist, zumal heutige Benutzeroberflächen und Anwendungsprogramme bereits sehr viel Speicherplatz benötigen.

Externe Festplatten sind eine gute Alternative, um Daten zu sichern. Sie lassen sich mittels USB- oder SATA-Anschluss problemlos an den Computer anschließen. Beim Neukauf sollten Sie die Festplatten hinsichtlich Ausstattung (z. B. leiten Kunststoffgehäuse die Wärme nicht so gut ab), Zugriffszeiten und Speicherkapazitäten vergleichen.

RAID

Festplattenausfall ist eine der häufigsten Ursachen von Datenverlusten. Das bedeutet aber nicht, dass Festplatten unsichere Speicher sind. Mit einem RAID-System (engl.: **R**edundant **A**rray of **I**ndependent **D**iscs, übers.: redundante Anordnung unabhängiger Festplatten), also einem Zusammenschluss von Festplatten kann eine zuverlässige Datensicherung erfolgen. So werden beim RAID 1-System zwei Festplatten genutzt, wobei die Daten der einen Platte auf die andere „gespiegelt" werden. Fällt nun eine Platte aus, können die Daten der Sicherungsplatte weiterhin gelesen werden. Die zweite Festplatte dient ausschließlich der Datensicherung und bringt keinerlei Geschwindigkeitsvorteile. Für diese Fälle wurden unter anderem die Systeme RAID 1.5, 5 und 10 entwickelt. Diese benötigen allerdings mehr als zwei Festplatten.

Die Festplatte ist ein magnetischer Massenspeicher. Sie besteht aus einer oder mehreren übereinander gelagerten Scheiben. Sogenannte Schreib-/Leseköpfe speichern oder lesen beidseitig Daten.

SSD

Das Speichermedium der Zukunft ist das SSD (engl.: **S**olid **S**tate **D**rive). Der grundlegende Unterschied zur herkömmlichen Festplatte besteht darin, dass SDDs keine mechanischen Einzelteile besitzen, da nur Speicherchips verwendet werden. Einbau und Verwendung erfolgen wie bisher.

Vorteile eines SSD: mechanische Robustheit, sehr kurze Zugriffszeiten, niedriger Energieverbrauch und Geräuschfreiheit. Einziger Nachteil ist der noch sehr hohe Preis im Vergleich zu Festplatten mit gleicher Kapazität.

Abb. 1.36 Solid State Drive

CD-/DVD-R/RW

CD-R/RW (Compact Disc Recordable/ReWritable), DVD-R/RW (Digital Versatile Disc Recordable/ReWritable) und BD (Blu-ray Disc) gehören zu den optischen Speichermedien, die durch Abtastung mittels Laser gelesen und/oder beschrieben werden können. Die Maße der Rohlinge für diese drei Speicherformate sind identisch.

Abb. 1.37 Blu-ray-Rohling

Wesentliche Unterscheidungskriterien für den Nutzer sind die maximale Speicherkapazität und die (Wieder-)Beschreibbarkeit. Entscheidender Vorteil der einheitlichen Größe ist, dass man auch kombinierte Laufwerke für alle drei Formate einbauen kann. Insbesondere für Laptops mit begrenztem Platz ist das nützlich.

Eine CD hat üblicherweise eine Speicherkapazität von 700 MB. Das entspricht

- 300.000 DIN-A4-Textseiten
  oder
- 80 Minuten Musik.

DVD

Auf DVD können je nach Ausführung 4,7 GB (Single Layer) oder 8,5 GB (Double Layer) gespeichert werden. Für Spielfilme und Sicherungskopien ist das meist ausreichend.

Es existieren folgende DVD-Formate:

DVD+R
DVD-R → R für **r**ecordable ▶ beschreibbar

DVD+RW
DVD-RW → RW für **rew**ritable ▶ wiederbeschreibbar

DVD+R DL
DVD-R DL → DL für **D**ouble **L**ayer ▶ doppelter Speicherplatz aufgrund von 2 Schichten

DVD-RAM → RAM ▶ Speicherung wie auf Festplatte möglich

Die im Handel angebotenen DVD-Laufwerke können sowohl CDs als auch DVDs lesen und in der Ausführung als Brenner auch beschreiben.

Abb. 1.38 Blu-ray-Laufwerk

Blu-ray

Die Blu-ray Disc (BD) wurde als Nachfolger der DVD entwickelt. Sie bietet eine höhere Datenrate und Speicherkapazität. Blu-ray-Disc-Brenner können ebenfalls alle CD- und DVD-Formate lesen und brennen. Die Blu-ray Disc speichert mit einer Lage bis zu 25 GB und mit zwei Lagen sogar bis zu 50 GB Daten. Der Ausdruck Blu-ray basiert nicht auf einem Rechtschreibfehler, obwohl er sich auf die bläuliche Farbe des Laserstrahls bezieht. Die Schreibweise wurde gewählt, um sich die Blu-ray Disc als Markennamen sichern zu können.

Die Blu-ray Disc gibt es im Handel in drei Varianten: als nur lesbare BD-ROM, einmal beschreibbare BD-R und als wiederbeschreibbare BD-RE.

Tabelle 1.4 Beschreibungsdichte von CD, DVD und Blu-ray

Speichermedium	CD Compact Disc	DVD Digital Versatile Disc	BR Blu-ray
Speichervolumen	0,7 GB	4,7 GB	25 GB
Spurabstand	1,6 µm, Spot	0,47 µm, Spot	0,32 µm, Spot
Kleinste Pitlänge	0,8 µm	0,40 µm	0,15 µm
Speicherdichte	0,41 GB/inch²	2,77 GB/inch²	14,73 GB/inch²
Substrat	1,2 mm Substrat	0,6 mm Substrat	0,1 mm Deckschicht
Wellenlänge	780 nm	650 nm	405 nm

Der USB-Speicherstick ist ein USB-Massenspeicher. Als USB-Massenspeicher werden Geräte bezeichnet, die über den USB (engl.: **U**niversal **S**erial **B**us) kommunizieren. Mit USB ausgestattete Geräte und Speichermedien können im laufenden Betrieb mit dem Computer verbunden werden. Angeschlossene Geräte und deren Eigenschaften werden automatisch erkannt.

USB-Speicherstick

Zu USB-Massenspeichern gehören neben den Speichersticks alle weiteren Massenspeicher, die über USB an einen Computer angeschlossen werden können, zum Beispiel Digitalkameras und externe Festplatten.

Der USB-Stick hat eine höhere Speicherkapazität und eine höhere Zugriffsgeschwindigkeit als Disketten und CD-ROMS. Wegen seiner einfachen Handhabung, seiner Robustheit beim Transport und seiner Speichergröße ist er ein gängiges Speichermedium für den Datenaustausch.

Die Abbildung 1.39 zeigt den Aufbau eines USB-Sticks. Das Speichermedium selbst ist in einem festen Gehäuse untergebracht. Die Daten werden elektronisch in einem sogenannten Flash-Speicher gespeichert und können bis zu zehn Jahre erhalten bleiben.

Abb. 1.39 USB-Speicherstick

Das Speichern von Daten auf einen USB-Stick erfolgt durch elektrische Vorgänge. Bits werden in Form elektrischer Ladungen auf einen Speicherchip (Floating Gate) gespeichert. Ein Isolator umgibt diesen Chip, damit er von der Stromzufuhr abgeschnitten ist und keine gespeicherten Ladungen verloren gehen. Nur wenn Daten gelesen oder übertragen werden, können sie in Form von Elektronen die Isolation durch eine Art Tunnel überwinden.

Speicherkapazität:	bis 64 GB
Lesegeschwindigkeit:	ca. 20 MB/s
Schreibgeschwindigkeit:	ca. 15 MB/s

Ältere Betriebssysteme benötigen Treiber, um USB-Sticks zu erkennen.
Ebenso ist zu beachten, dass ein USB-Stick nicht während der Datenübertragung vom Computer getrennt werden darf. Es kann sonst zu Datenverlust und im schlimmsten Fall zu einem Kurzschluss kommen, der den Stick zerstört. Darum ist es ratsam, dem Betriebssystem über das Symbol mitzuteilen, dass die Verbindung getrennt werden soll.

Streamer

Streamer sind magnetische Bandspeicher, die insbesondere für große Datensicherungen (Backup) verwendet werden. Sie erfordern ein separates Laufwerk. Je nach Bandgröße und Datenvolumen muss das Band oft umständlich gewechselt werden.

Das Angebot an Speichern ist riesig. Beim Kauf eines PC-Systems sollten Sie sich genau überlegen, was Sie brauchen. Handhabbarkeit, Speichergrößen und Zuverlässigkeit sind dabei wichtige Entscheidungskriterien.

Software für die Datensicherung

Die tägliche Arbeit mit dem Computer empfinden wir inzwischen als normal. Regelmäßig greifen wir auf unsere Daten zu. Erst wenn ein Computer streikt, wird wir uns klar, welchen Wert bestimmte Daten für uns haben.

Es ist ein großer Schock, wenn die fast fertige Belegarbeit, die Adress-Datenbank, der Entwurf der neuen Homepage oder die Fotos vom letzten Urlaub futsch sind. Für Firmen kann ein Computerausfall existenzbedrohend sein; denn verlorene Mitarbeiterdaten, fehlende Bestellungen, nicht bearbeitete Rechnungen, entgangene Umsätze können schon nach wenigen Stunden enorme Kosten verursachen.

Datenverlust

Datenverlust kann ganz unterschiedliche Ursachen haben.

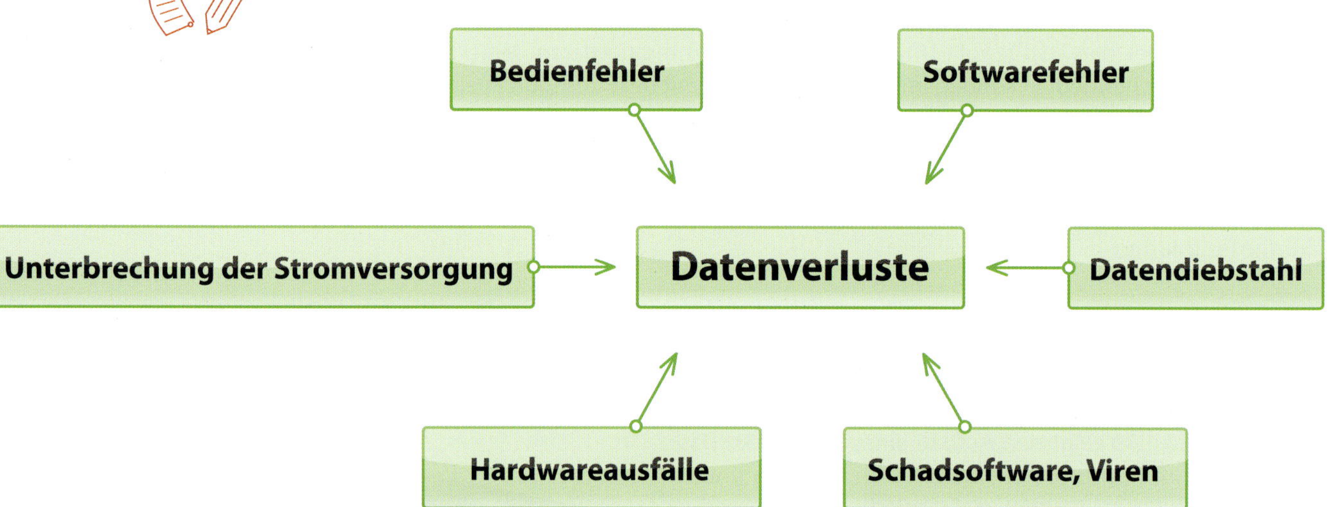

Abb. 1.40 Ursachen von Datenverlusten

Der gefürchtete Festplattencrash kann ebenso wie ein einfacher Stromausfall und das versehentliche Löschen zu Datenverlust führen. Wie gut, wenn Sie mit regelmäßigen Backups vorgesorgt haben. Betriebssysteme bieten diverse Möglichkeiten der Datensicherung an. Sie können sich aber auch Sicherungssoftware kaufen.

Windows 7 beinhaltet eine Sicherungsfunktion. Mit ein paar Klicks können Sie verschiedene Sicherungen auf auszuwählende Datenträger-Typen machen.

Unter Start und Systemsteuerung wählen Sie den Eintrag *Sicherung des Computers erstellen.*

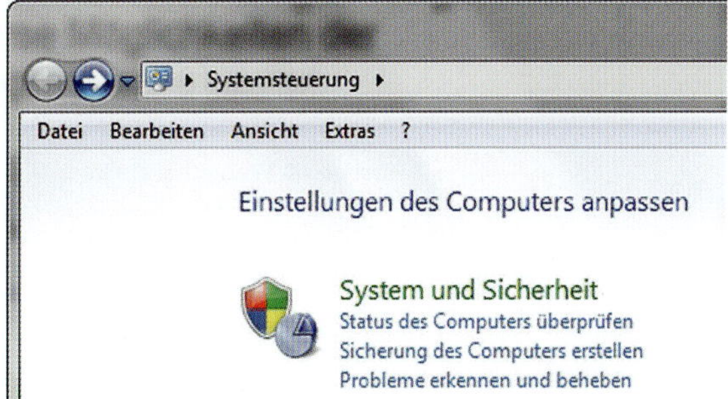

Abb. 1.41 Sicherheitsoptionen unter Windows 7

In dem folgenden Fenster haben Sie drei Auswahlmöglichkeiten:

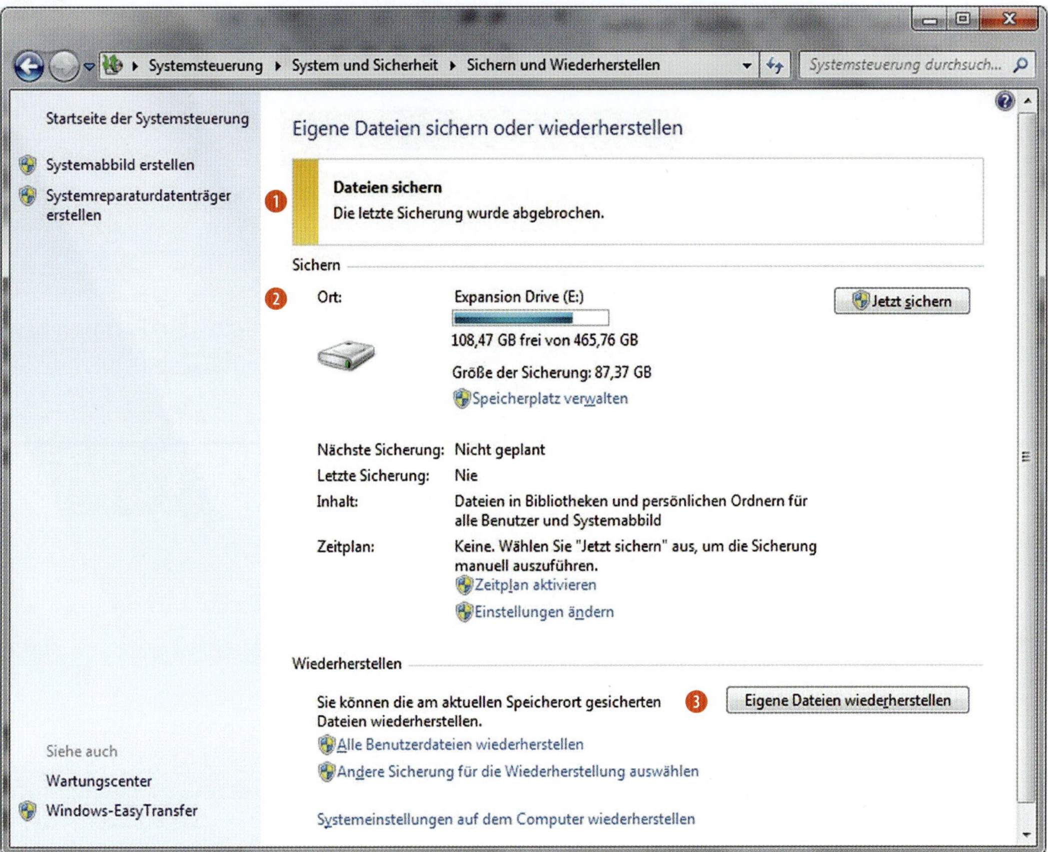

Abb. 1.42 Datensicherung unter Windows 7

❶ Erstellung eines Systemabbildes (Kopie der für Windows wichtigen Laufwerke; bei einer Wiederherstellung können nicht einzelne Dateien ausgewählt werden)

❷ Systemreparaturdatenträger erstellen
(„Rettungs-CD" erstellen; bei schweren Fehlern kann Windows wieder gestartet und mit dem Systemabbild wiederhergestellt werden)

❸ Sicherung eigener Dateien
(Unter Einstellungen ändern können Sie Laufwerke und Dateien auswählen)

Die Backup-Funktion erstellt ein Image, das die komplette Festplatte oder einzelne Partitionen auf lokalen Festplatten oder besser auf externen Laufwerken speichert. Weiterhin können bootfähige USB-Sticks, CDs oder DVDs erstellt werden, um bei Bedarf die Softwareinstallation und die Daten aus dem gespeicherten Image wiederherzustellen.

Beispiel für eine Sicherungssoftware

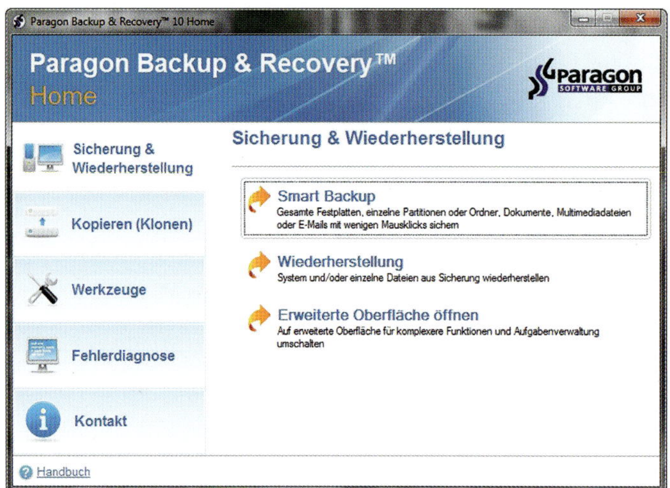

1 Programm starten und gewünschte Funktion auswählen

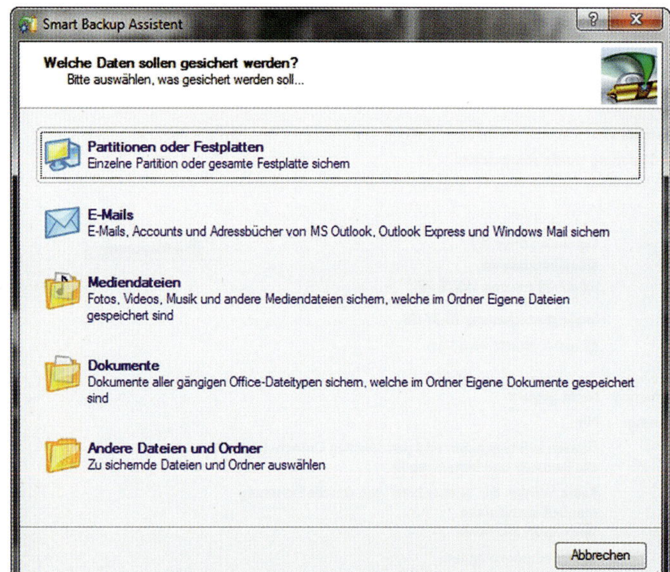

2 Festplatte und Partition bzw. einzelnen Daten auswählen

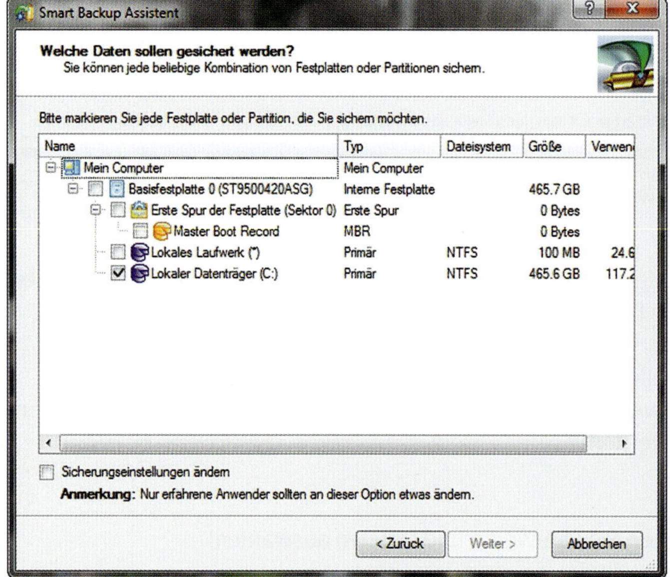

3 Beispielsweise den Datenträger C: auswählen und Speicherort festlegen

Abb. 1.43 Datensicherung mit dem Smart-Backup-Assistenten

1.9 Austausch und Einbau von Hardwarekomponenten

Um interne Festplatten, Sound- oder andere Steckkarten in das PC-Gehäuse einzubauen, muss der Computer ausgeschaltet, vom Stromversorgungskabel getrennt und aufgeschraubt werden. Steckkarte, Arbeitsspeicher, Festplatte oder Ähnliches werden dann in den jeweiligen Steckplatz eingesteckt und/oder an das Mainboard angeschlossenen. Eine große Hilfe kann hier die Internetseite Youtube.de sein.

Achtung: Falls Sie ein Komplettsystem erworben haben, erlischt jeglicher Garantie- und Gewährleistungsanspruch beim Öffnen des PCs.

Bei allen Arbeiten im Inneren des PCs sollten Sie Vorsichtsmaßnahmen treffen:

- PC ausschalten und den Netzstecker ziehen.
- Sämtliche Anschlusskabel abziehen, um sicherzustellen, dass der PC spannungsfrei ist.
- Keine magnetischen Schraubendreher verwenden.
- Vor dem Anfassen von Computerkomponenten sind elektrostatische Aufladungen durch Erdung abzubauen: Berühren Sie ein blankes Heizungsrohr oder eine nicht lackierte Wasserleitung.
- Beim Einbau von Steckkarten sollten die Kontakte des PCs, der PCI-Karte oder des RAM-Speichers nicht berührt werden.
- Keine Gewalt anwenden!
- Kontrollieren Sie, ob die Erweiterungskarten richtig in den Steckplätzen platziert, ggf. arretiert (RAM-Module) sowie alle Kabel angeschlossen sind.

Den neu erworbenen Hardwarekomponenten liegen oft CDs oder DVDs mit den Gerätetreibern bei. Die Installationen sind benutzergeführt und das Beibehalten der empfohlenen Einstellungen ratsam.

Nach dem Umrüsten eines PCs ist es „gute Tradition", dass bei Neustart zunächst nichts passiert, das heißt, der Monitor bleibt schwarz. Hier gilt es, nicht panisch zu werden und nochmals alle Sicherheitsvorkehrungen zu beachten, Kontakte und Kabelanschlüsse zu kontrollieren sowie die Installation der Gerätetreiber zu überprüfen und ggf. aktuelle Gerätetreiber aus dem Internet herunterzuladen. Im Notfall hilft hoffentlich der Support.

1.10 Datenschutz und Datensicherheit

Datenschutz

Der Datenschutz dient dem Schutz der Privatsphäre und somit dem Recht auf informationelle Selbstbestimmung. Doch was heißt das genau? Grundsätzlich ist jeder Herr (oder Dame) seiner/ihrer persönlichen Daten (Alter, Beruf, Wohnort , Telefonnummer etc.) und kann selbst über deren Preisgabe und Verwendung entscheiden. Unbefugten sollten der Zugang und die Nutzung der Daten verwehrt sein. Dafür wurde das Bundesdatenschutzgesetz (BDSG) beschlossen. Es regelt den respektvollen Umgang mit persönlichen Daten.

Selbst ein Porträtfoto ohne Namen zählt zu den persönlichen Daten, sofern der/die Abgebildete eindeutig zu identifizieren ist.

Nur Behörden und Verwaltungen dürfen persönliche Daten zweckgebunden verwenden. Auch Ihre Schule hat Daten von Ihnen gespeichert.

Soweit zur Theorie. Doch wie oft erhalten wir Telefonanrufe oder persönlich adressierte Briefe von Firmen, mit denen wir niemals Kontakt hatten bzw. haben wollten? In der Praxis werden Datensätze zwischen einzelnen Firmen ausgetauscht. Rechtlich ist das nicht zulässig, aber selten können die verantwortlichen Firmen zur Rechenschaft gezogen werden.

Beachten Sie deshalb Folgendes, wenn Sie persönliche Daten freiwillig herausgeben:

- Sie haben ein Recht darauf zu erfahren, wer diese Daten erhebt und wofür sie verwendet werden.
- Sie haben Anspruch darauf zu erfahren, welche Daten andere über Sie speichern und wie man diese Informationen erhalten hat.
- Sie können verlangen, dass falsche oder unvollständige Informationen korrigiert werden.
- Daten, die nicht länger für den ursprünglichen Zweck benötigt werden, müssen gelöscht werden.

Größte Vorsicht ist beim Einstellen von Informationen ins Internet geboten. Überlegen Sie sich ganz genau, welche Informationen Sie der Welt preisgeben wollen. Das Löschen selbst eingestellter Auskünfte ist noch recht einfach, aber vielleicht hat jemand in der Zwischenzeit Ihre Informationen gedownloadet oder auf anderen Webseiten publik gemacht. Außerdem wurden wahrscheinlich Kopien in den Speichern der Suchmaschinen erstellt. Informationen aus dem Internet vollständig zu entfernen ist deshalb nahezu unmöglich.

Das Internet gaukelt dem Benutzer eine Anonymität vor, die es nicht gibt. Sie sind niemals allein!!! Anhand automatisch zugewiesener IP-Adressen für die Nutzung des Internets lässt sich jede über Ihren Computer aufgerufene Webseite nachvollziehen. Der Computer selbst speichert in der Chronik (Tastenkombination Strg + H im Internet Explorer) jede besuchte Webseite. Und wenn Sie unachtsam mit Passwörtern umgehen, kann es sogar richtig unangenehm werden.

1.11 Viren & Co.

Computerviren sind von Menschen geschriebene Programme, die von PCs abgearbeitet werden sollen. Sie verbreiten sich hauptsächlich über das Internet und über den Austausch von Datenträgern. Es gibt verschiedene Motive, Viren zu programmieren:

- Geltungssucht ▶ Freude, wenn etwas über den Virus und damit über die eigene „Leistung" in den Medien veröffentlicht wird
- Spieltrieb ▶ „Mal sehen, was so geht und was ich kann …"
- Rache ▶ z. B. nach Kündigung
- Erpressung ▶ „Wenn Sie zahlen, erhalten Sie einen Deaktivierungsschlüssel."
- blinde Zerstörungswut

Arten von Computerviren

Viren haben zwei Funktionen:

- *Vermehrungsfunktion:* Sie bauen sich in andere Dateien ein und vermehren sich über den Arbeitsspeicher auf der Festplatte.
- *Schadfunktion:* Es kann mit einer einfachen Fehlermeldung anfangen und bei der Zerstörung von Daten enden. Manche Viren aktivieren sich erst an einem bestimmten Tag, der „Michelangelo"-Virus zum Beispiel an jedem 6. März. Inzwischen können sie aber immer mehr Dateien befallen. Bricht eine Schadfunktion aus, kommt es teilweise zu immensen Schäden.

Tarnung der Viren
Viren können sich so lange verbreiten, bis sie entdeckt und gelöscht werden. Die Urheber moderner Viren haben verschiedene Tarnverfahren entwickelt, um ihre Schädlinge zu verstecken. Die wichtigsten:

- **Poly- und metamorphe Viren** können sich selbst verändern. Ihre Funktion bleibt trotz des geänderten „Aussehens" erhalten.
- **Stealthviren** können die Veränderung befallener Dateien verschleiern. Sie greifen beispielweise in die Funktionen des Betriebsprogramms ein, um Größenveränderungen befallener Daten zu vertuschen.
- **Retroviren** versuchen, die auf dem Computer installierten Schutzprogramme zu deaktivieren. Dadurch schützen sie sich selbst vor Entdeckung und öffnen anderen Schadprogrammen die Tür.

Computerwürmer sind Computerprogramme, die sich vervielfältigen können. Nach der Ausführung kopieren sie sich selbst und legen aufgrund ihrer Masse das Computersystem lahm. Sie verbreiten sich vor allem durch E-Mails.

Trojanische Pferde gehören eigentlich nicht zu den Viren, da sie sich nicht vermehren. Sie tarnen sich als harmloses Programm. Beim Start wird der Schädling, etwa ein Spionage-Programm, installiert und sorgt dafür, dass dieser auch unabhängig von dem Trojaner auf dem Computer läuft. Daher nützt es nichts, nur das Ursprungsprogramm zu löschen, denn es war ja nur das „Transportmittel" für das Schadprogramm.

Backdoor-Programme umgehen Sicherheitsmaßnahmen, um die Kontrolle über fremde Computer zu erlangen. Ist so eine Hintertür geöffnet, kann der Hacker bei bestehender Internetverbindung auf den Fremdcomputer zugreifen, Daten ausspionieren und Programme installieren.

Die Internetnutzung birgt große Gefahren für die Computersicherheit. Nur wenige Minuten mit einem ungeschützten System reichen aus, um sich mit Viren aus dem Internet zu infizieren. Deshalb sind zwei Sicherheitsmaßnahmen unerlässlich: Firewall und Antivirenprogramm.

Firewall

Firewall bedeutet übersetzt „Feuerwand" oder „Brandmauer". Sie überwacht den Datenverkehr zwischen Internet und Intranet bzw. einem einzelnen PC. Anhand festgelegter Regeln entscheidet die Firewall, welche Netzwerkpakete durchgelassen werden. Auf diese Weise schützt sie vor unerlaubten Zugriffen.

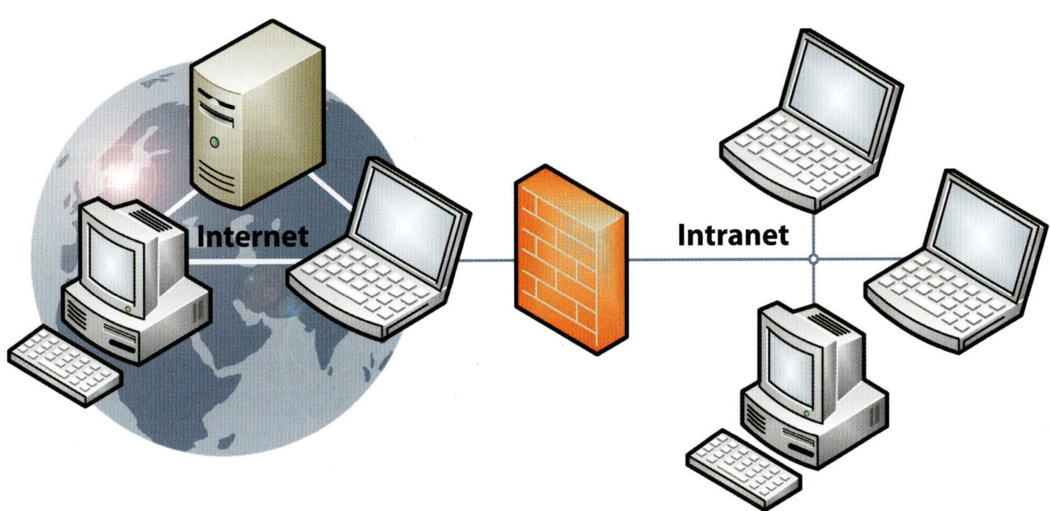

Abb. 1.44 Firewall

Virenscanner

Ein **Antivirenprogramm** (auch Virenscanner) ist eine Software, die bekannte Computerviren, Computerwürmer und Trojanische Pferde aufspürt, blockiert und gegebenenfalls beseitigt.

Echtzeitscanner arbeiten im Hintergrund und kontrollieren Dateien und Programme während des Lese- oder Schreibvorgangs.

Da ein Virus ständig versucht, sich zu vermehren, muss der Virus erkennen können, ob eine Datei bereits befallen ist. Er kennzeichnet befallene Dateien. Virenschutz-Programme suchen nach solchen Kennzeichnungen. Die Vergleichslisten (Virendefinitionsdateien) müssen täglich aus dem Internet geladen werden.

Firewall und Virenscanner sind notwendige Schutzmaßnahmen für den Computer und seine Daten. Einen 100-prozentigen Schutz gibt es dennoch nicht!

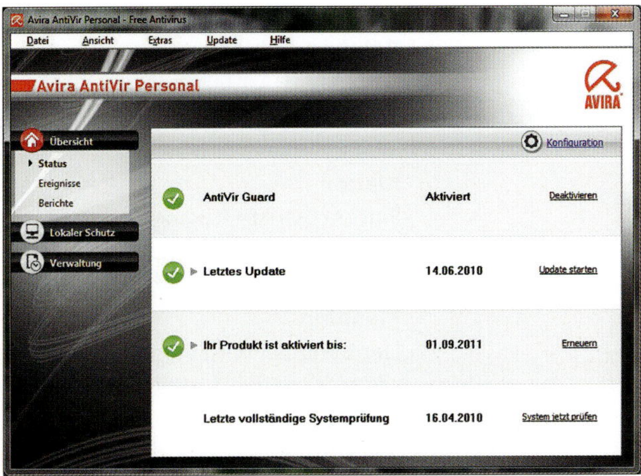

Abb. 1.45 Antivirenprogramm „Avira"

Passwörter

Ob ebay, Amazon, E-Mail oder Onlinebanking, für diese und jede Menge anderer Anwendungen benötigen Sie Passwörter. Um diese nicht zu vergessen, ist man versucht, ein simples Wort für alles zu benutzen. Das ist aber ein gewaltiges Sicherheitsrisiko.

Passwort-Technik

Erstellt ein Benutzer ein Passwort, wird dieses nicht als Wort im System hinterlegt. Mit einer mathematischen Funktion wird es in eine Art Code (Hash) umgewandelt. Je länger das Passwort, desto länger der Hashwert. Die Umwandlung des Klartextes in den Hashwert kann allerdings nur in eine Richtung erfolgen, da der Hashwert weniger Informationen als der Klartext enthält. Und trotzdem gibt es zu jedem Hashwert nur ein Passwort. Eine recht sichere Technik – oder?

Zuletzt gelang es einem Cracker, die Login-Daten von mehr als 32 Millionen Nutzern eines amerikanischen Community-Portals zu knacken. Diese Daten veröffentlichte er im Internet.
Ein Sicherheitsunternehmen analysierte die Passwörter (PW) und kam zu folgendem Ergebnis:

- 30 % der PW waren maximal 6 Zeichen lang.
- Rund 50 % der PW sind im Wörterbuch zu finden.

Die Top10 der Passwörter:

- 123456
- 123456789
- iloveyou
- rockyou
- 12345678
- 12345
- passwort
- princess
- 1234567
- abc123

(PC-Welt online 22. 01. 2010)

Abb. 1.46 Meldung in einem Computer-Magazin

Passwortknacktechniken

Systemfehler

Wenn ein System fehlerbehaftet ist, nützt das beste Passwort nichts. So lassen sich im Internet Programme für das Knacken von Dokumenten älterer Office-Versionen herunterladen.

Wörterbuch-Attacke

Ein Knack-Tool probiert der Reihe nach Worte aus, die es aus einem Wörterbuch holt. Passwörter wie Liebe, Schatz und Peter sind schnell geknackt.

Brute Force

Schon aufwendiger ist die Entschlüsselung nach dem Versuch-und-Irrtum-Prinzip. Dabei probiert der Passwort-Knacker alle erdenklichen Kombinationen durch. Mit einem guten 8-stelligen Passwort können Sie immerhin ein halbes Jahr gegenhalten.

Rainbow Tables

Das ist eine Art Telefonbuch für Hashwerte – in unglaublich kompakter Form. Bisher gibt es sie aber nur für wenige Verschlüsselungssysteme.

Klauen

Eingeschleuste Trojaner auf dem PC protokollieren die Tastatureingaben und senden das abgefangene Passwort an den Angreifer im Internet.

Phishing

Der Benutzer wird auf gefälschte Internetseiten gelockt und zur Eingabe des Passwortes, das dort abgefangen wird, genötigt.

Hacken des Servers

Speichert ein Online-Dienst nicht nur die Hashwerte, sondern auch den Klartext, haben Betrüger auch auf diese Art und Weise Erfolg.

Raten
Passwörter wie Name und Geburtstag der Tochter bestehen zwar aus Buchstaben und Zahlen, lassen sich aber doch zu leicht erraten.

Sichere Passwörter bestehen aus mindestens acht Zeichen: Buchstaben Groß und Klein, Ziffern, Sonderzeichen, aber keine Anführungszeichen und kein ß. Für die Erstellung eines sicheren Passwortes kursieren im Internet sogenannte Passwortgeneratoren. Aber mal ehrlich: Wer kann sich eine unlogische Anballung von Zahlen, Buchstaben und Sonderzeichen merken? Und spätestens nach einem halben Jahr muss wieder ein neues Passwort gelernt werden. Diese Zufallskombinationen sind als gängige Passwörter unbrauchbar, denn es gilt:

Passwörter niemals aufschreiben oder abspeichern!

Sichere Passwörter

Eine gute Methode für die Kreation eines Passwortes ist die Abkürzung von Sätzen: So kann aus dem Satz „**J**eden **M**ontag **u**m **8** **n**ervt **m**ich **m**ein **K**lassenlehrer" das Passwort „JMu8nmmK." entstehen. Dieses steht in keinem Wörterbuch und enthält die wichtigsten Elemente.

1.12 Gewährleistung und Garantie

Im Falle eines Defekts ist der Verkäufer der erste Ansprechpartner.

Im Zusammenhang mit Reklamationen sind zwei Begriffe zu unterscheiden, die umgangssprachlich oft vermischt werden:

Die Gewährleistung ist eine gesetzliche Verpflichtung des Verkäufers, während die Garantie eine freiwillige Leistung des Verkäufers darstellt. Beide werden allerdings ausgeschlossen, wenn der Kunde den Defekt verursacht oder sich auf eigene Faust an einer Reparatur versucht hat.

Der Abschluss einer Garantieleistung, egal über welchen Zeitraum, ersetzt nicht die Gewährleistung.

Gewährleistung

Gewährleistung (oder Mängelhaftung): Kaufen Sie einen Computer (oder auch Einzelkomponenten) im Handel, haben Sie aufgrund des entstehenden Kaufvertrags zwei Jahre lang (ab Übergabedatum) einen Gewährleistungsanspruch. Diese Gewährleistung umfasst die Beseitigung von Mängeln, die zum Kaufzeitpunkt schon bestanden haben (z. B. kaputtes Laufwerk) oder spätere Defekte, wenn die Ursache für diese Defekte schon bei Kauf vorhanden waren (z. B. bricht nach häufiger Nutzung ein Bauteil wegen einer schon beim Kauf fehlenden Schraube heraus). Und genau hier liegt das Problem: Nach den ersten sechs Monaten müssen Sie selbst beweisen, dass der Mangel bereits bei Kauf vorlag.

Garantie

Garantie: Im Gegensatz zur Gewährleistung ist die Garantie eine freiwillige und frei gestaltbare Dienstleistung. Der Zustand einer Ware beim Kauf ist bedeutungslos, da immer die Funktionsfähigkeit über einen bestimmten Zeitraum garantiert wird (z. B. kann die Garantie auch dann in Anspruch genommen werden, wenn die o. g. Schraube irgendwann innerhalb der Garantiefrist bricht). Die Garantiehöchstdauer in Deutschland beträgt dreißig Jahre.

Bei einem PC-Kauf wird häufig eine Bring-in-Garantie oder eine Vor-Ort-Garantie angeboten. Bring-in-Garantie meint, der schadhafte Computer muss zum Händler oder einem Servicepartner gebracht und irgendwie auch wieder abgeholt werden. Bei einer Vor-Ort-Garantie kommt ein Servicetechniker innerhalb eines zugesicherten Zeitraums zu Ihnen nach Hause oder ins Büro.

Gewährleistung über 2 Jahre ist ein gesetzlicher Anspruch.
Garantie ist eine freiwillige und frei gestaltbare Leistung.

2 Betriebs- und Anwendungssoftware installieren und nutzen

2.1 Einteilung von Software

Software – das Gegenstück zur Hardware – ist ein Sammelbegriff für die Gesamtheit ausführbarer Programme und der Konfigurationsdaten. Die folgende Übersicht zeigt, wie Software unterteilt werden kann:

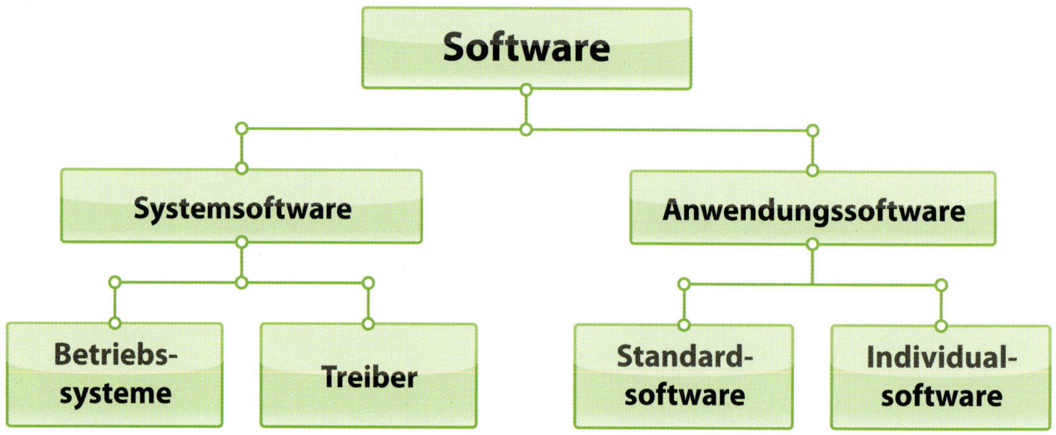

Abb. 2.1 Einteilung von Software

Während die Systemsoftware für das ordnungsgemäße Funktionieren eines Computers notwendig ist, sind Anwendungsprogramme jene Programme, mit denen der Nutzer unmittelbar zu tun hat. Mit diesen Programmen kann er seine eigentliche Arbeit ausführen, zum Beispiel Zeichnungen, Briefe und Rechnungen erstellen.

Individualsoftware

Individualsoftware wird auch anwendungsspezifische Software oder Branchensoftware genannt. Sie wird eigens für die Ansprüche eines Kunden entwickelt. Da diese Software meist nur beim Auftraggeber selbst angewendet wird, ist sie nicht weiterverkäuflich. Außerdem ist diese Software meist aufwendiger in der Wartung, und das Personal muss geschult werden. Daher kann der Preis dafür sehr hoch sein. Eine Firma muss sich aber für diese Software entscheiden, wenn keine andere Software geeignet ist oder sie die alleinige Kontrolle über das neu entwickelte Programm haben möchte.

Standardsoftware

Standardsoftware ist Massenware und wird für häufige Anwendungen erstellt.

Vorteile:
- Kosten für den Erwerb sind niedriger.
- meist ausgereifter, daher weniger fehleranfällig
- einfache Verknüpfung verschiedener betrieblicher Aufgaben (z. B. berechnete Daten aus Kalkulation können in ein Textdokument integriert werden)
- Dateiaustausch aufgrund weiter Verbreitung des Programms problemlos möglich
- professionelle Schulung des Softwareherstellers
- Wegen des hohen Bekanntheitsgrades kennt sich auch neues Personal mit dem Programm aus.

Nachteile:
- passt nicht immer zu den betrieblichen Abläufen und Anforderungen
- Abhängigkeit von dem Softwarelieferanten (notwendige Upgrades sind relativ teuer)

Tabelle 2.1 Beispiele für Standardsoftware aus dem Microsoft-Office-Paket

Name des Programms	Einsatz
Word	Textverarbeitungsprogramm zur Erstellung von Dokumenten, Serienbriefen – auch mit Grafiken
Excel	Tabellenkalkulationsprogramm zur Lösung von rechnerischen Aufgaben, Diagrammerstellung (auch Datenbankverwaltung)
Access	Datenbankverwaltungsprogramm zum Verwalten von großen Datenbeständen
Outlook	Terminverwaltung, E-Mailverwaltung Adressenverwaltung, Kalenderfunktionen
PowerPoint	Präsentationsprogramm zur Erstellung von Präsentation

Beispiele

Tastenkombinationen

Arbeit mit Standardsoftware

Das Navigieren durch umfangreiche Dokumente mit Maus oder Bildlaufleiste ist relativ aufwendig. *Tastenkombinationen* erleichtern die Arbeit: Wenn Sie wissen, wie Sie mit einfachen Tastenkombinationen im Dokument blättern, Sätze, Tabellen oder Objekte markieren, kopieren oder verschieben können, kommen Sie schneller ans Ziel.

2.2 Betriebssysteme

Aufgaben eines Betriebssystems

Um einen Computer betriebsfähig zu machen, benötigt er bestimmte „Systemprogramme". Diese bilden das Betriebssystem (OS; engl.: **O**perating **S**ystem). Es stellt die Verbindung zwischen den Anwendungsprogrammen und der Hardware her.

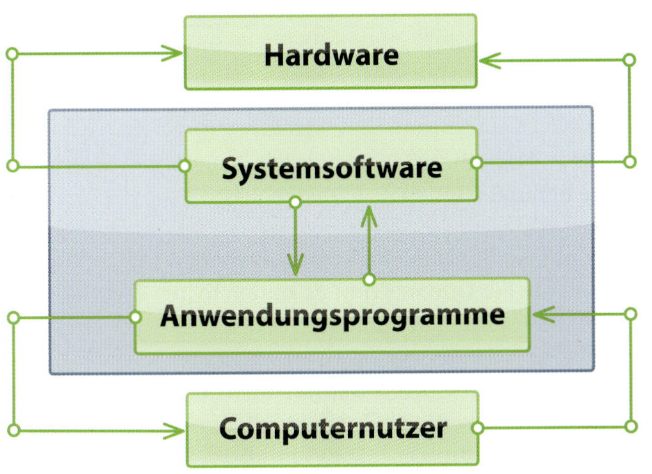

Abb. 2.2 System: Hardware – Software – Mensch als Computernutzer

- Einleitung der Startprozedur des Computers
- Koordination aller Ein- und Ausgabevorgänge der Computereinheiten
- Organisation der Speicher- und Dateiverwaltung
- Kontrolle der korrekten Verarbeitung und des Datentransports im System
- Anwendungsprogramme installieren und starten

Vergleich von Betriebssystemen

Drei Betriebssysteme sind heute auf dem Markt etabliert:
- Windows von Microsoft
- Mac OS X von Apple
- Linux als Betriebssystemkern; es wird also weitere Systemsoftware (Distributionen) benötigt, um ein Betriebssystem zu erhalten.

Man sollte meinen, dass die Wahl des Betriebssystems ganz einfach ist: Apple-Computer nutzen Mac OS, Techniker und Tüftler setzen auf Linux, und die ca. 80 Prozent normalen PC-Nutzer arbeiten mit Windows. Vielleicht lohnt sich aber doch ein kleiner Vergleich.

Grundsätzlich lassen sich alle drei Betriebssysteme benutzergeführt installieren, doch drei Aspekte gilt es dabei zu beachten:
- Machen Sie sich im Vorfeld Gedanken über eine eventuelle Aufteilung (Partitionierung) der Festplatte!
- Merken Sie sich alle vergebenen Namen und Passwörter!
- Bringen Sie den Virenscanner vor dem Surfen im Internet auf den aktuellsten Stand (evtl. Firewall aktivieren)!

Bei Komplettsystemen ist das Betriebssystem Windows häufig schon vorinstalliert, das heißt, dass beim ersten Start nur wenige Eingaben für die Administrierung erforderlich sind.

Windows 7

Windows 7 ist ein Betriebssystem von Microsoft.

Das *Wartungscenter überwacht* den Status von Virenscanner und Firewall, zudem lassen sich Systemsicherungen anlegen.

Die Firewall ist standardmäßig aktiv; und das Betriebssystem liefert die Treiber für fast alle Geräte mit.

Windows ist nach wie vor das beliebteste Ziel von Hacker-Attacken.

Deshalb ist es entscheidend, dass alle Sicherheitslücken regelmäßig geschlossen werden. Für Windows ist jeden zweiten Dienstag im Monat Patch-Day (in Deutschland aufgrund der Zeitverschiebung einen Tag später). Seit Oktober 2003 werden an diesem Tag alle Neuerungen gebündelt freigegeben. Für ganz kritische Lücken gibt es aber auch außerplanmäßige Updates, die das System per Update-Manager automatisch lädt und installiert.

Ähnlich wie bei Apple muss die zu installierende Software erst von dem Benutzer freigegeben werden. Anschließend werden bei der Installation sogenannte Bibliotheken über die Festplatte verteilt und diverse Einträge in Registerdatenbanken gemacht – alles selbständig. Die meisten Programme lassen sich jedoch über die Systemsteuerung wieder vollständig entfernen.

Mac OS X

Das Betriebssystem **Mac OS X** wurde von dem Apple-Konzern entwickelt. Laut Apple-Lizenzbestimmungen darf es nur auf Apple-Hardware genutzt werden.

Wegen der geringen Verbreitung sind bisher nur wenige Viren im Umlauf. Dennoch sollte man die standardmäßig ausgeschaltete Firewall aktivieren. Für Updates gibt es keinen festen Zeitplan, ein Update-Manager überprüft regelmäßig, ob Aktualisierungen vorliegen.

Die Installation von Programmen unter OS X ist denkbar einfach: Das gewünschte Tool wird in den Programmordner gezogen – fertig. Für die Entfernung wird der Ordner wieder gelöscht.

Bei der Bereitstellung von Treibern für die Installation von Hardware hingegen hat Mac OS X trotz der schon aktualisierten Datenbank noch immer großen Nachholbedarf.

Linux

Linux ist ein freies Betriebssystem, das für jeden Zweck verwendet, bearbeitet und in ursprünglicher oder veränderter Form weiterverbreitet werden darf. Das Betriebssystem wird von Softwareentwicklern auf der ganzen Welt ständig weiterentwickelt.

Da Linux nur ein Betriebssystemkern (Kernel) ist, wird weitere Software benötigt, um ein benutzbares Betriebssystem zu erhalten. Beispiele für solche Linux-Distributionen sind Ubuntu, open SUSE und Knoppix. Linux findet insbesondere im Server-Markt Anwendung, im privaten Gebrauch spielt es bisher kaum eine Rolle.

Auch für Linux sind nur wenige Viren bekannt. Die Firewall ist standardmäßig inaktiv oder muss erst heruntergeladen werden.

Bei den Linux-Distributionen entscheidet im Grunde der Programm-Manager darüber, ob sich ein Programm komfortabel installieren lässt oder nicht. Denn ist das neue Programm nicht in der Liste, lässt es sich oft nur mit komplizierten Kommandozeilen-Befehlen aufsetzen. Für alles, was über die Standardtreiber hinausgeht, sollten Sie besser einen Informatiker an der Seite haben.

2.3 Systemstart – Booten

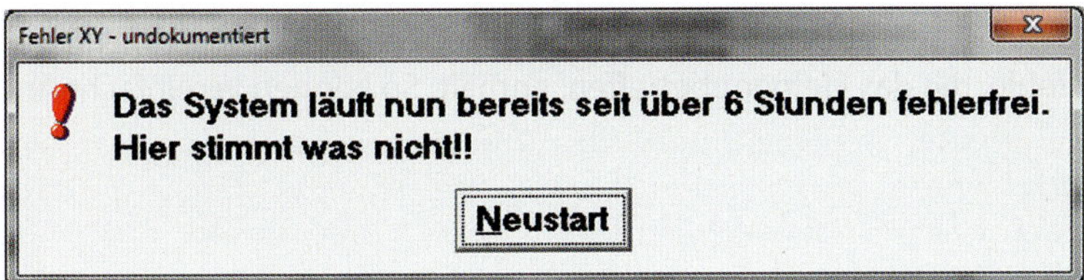

Ganz egal, welches Betriebssystem: Der Bootvorgang, das heißt alle Vorgänge, die ein Computer vom Einschalten bis zur Anwendungsbereitschaft durchläuft, ist immer identisch …

Abb. 2.3 Bootvorgang

1 **Einschalten des PC-Systems**
- Die Komponenten werden mit Strom versorgt und können somit initialisiert werden.
- Das BIOS wird aufgerufen.

2 **Laden des BIOS vom BIOS-ROM**
- Das BIOS (**B**asic **I**nput/**O**utput **S**ystem) wird geladen und kontrolliert alle Vorgänge auf dem Motherboard.

3 **Power-On-Self-Test**
- POST überprüft, ob die grundlegenden Komponenten des PCs funktionsfähig sind (z. B. Grafikkarte, Arbeitsspeicher, Tastatur, Festplatte).

4 **Laden der CMOS-Information**
- Alle individuellen Einstellungen, die im BIOS geändert werden können, werden geladen.

5 **Suche nach bootfähigem Medium**
- Auf Speichermedien wie HDD, CD, USB wird nach dem „Boot-Bit" gesucht. Die festgelegte Bootreihenfolge wird abgearbeitet.
- Bei Start von der Festplatte wird der MBR (master boot record) eingelesen.

6 **Start des Bootmanagers**
- Der Bootloader wird geladen.

7 **Starten des Betriebssystems**
- Es übernimmt die Kontrolle über sämtliche Vorgänge.
- Die Benutzeroberfläche wird geladen.

2.4 Maustechniken zur Bedienung der Bildschirmoberfläche

Zeigen	Durch Verschieben der Maus bewegt sich der Mauszeiger auf dem Bildschirm. Beim Zeigen auf bestimmte Elemente ändert er seine Form, zum Beispiel in ↔ oder I. Damit werden nun bestimmte Funktionen durchgeführt.
Klicken	Unter Klicken versteht man das kurze Drücken der linken Maustaste (wenn keine andere Taste erwähnt ist) auf ein Symbol oder eine Bezeichnung.
Doppelklick	Ein Doppelklick ist das kurze zweimalige Anklicken eines Symbols oder einer Bezeichnung. Bei 3-Tastenmäusen kann der Doppelklick auf die mittlere Taste gelegt werden.
Ziehen	Beim Ziehen wird auf ein Element gezeigt und die Maus anschließend, bei gedrückter linker Taste, verschoben (zum Ändern der Fenstergröße, bei Zeichnungselementen usw.).
Drag & Drop	= „zerren und fallen lassen". Diese Funktion wird in vielen Programmen zum Verschieben und Kopieren von Elementen (Texte, Zeichnungselemente usw.) eingesetzt.

Kontextmenü Durch das Klicken der rechten Maustaste auf ein Element wird ein sogenanntes *Kontextmenü* geöffnet, das die wichtigsten Befehle, die das Element betreffen, enthält. So können vereinfacht Anweisungen gegeben werden.

2.5 Arbeit mit Windows 7

Beim Einschalten des Rechners wird – nach dem Bootvorgang – Windows automatisch gestartet.

Für die Zuweisung des richtigen Profils fordert der Anmeldebildschirm ein Passwort. Beim Vergessen des Passwortes kann nur mit Hilfe des Administrators ein neues Passwort angelegt werden.

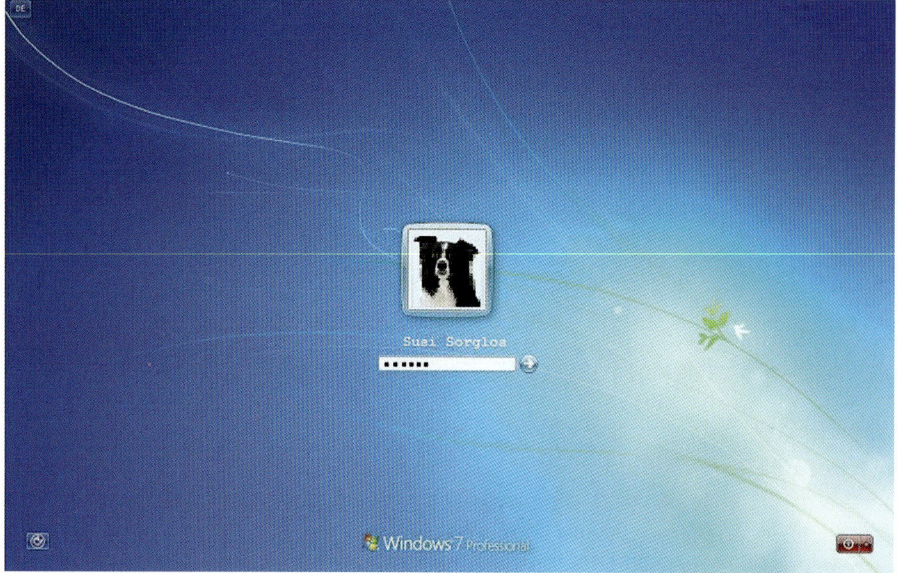

Abb. 2.4 Anmeldebildschirm

In den Anfängen des Computerzeitalters musste man Befehle noch durch Buchstabenfolgen eingeben. Um die Arbeit zu erleichtern, wurden die grafischen Benutzeroberflächen entwickelt.

Bei der Arbeit mit Windows werden die Befehle nun nicht mehr über schriftliche Befehle eingegeben, sondern Sie klicken mit der Maus sogenannte Fenster (engl.: windows) oder Symbole (icons) an.

Benutzer-oberfläche

Die Benutzeroberfläche von Windows wird als *Desktop* bezeichnet. Dieser kann individuell gestaltet werden. Der Desktop ist im Grunde ein virtueller Schreibtisch, auf dem alles, was einem wichtig ist, parat liegt: Programme, Texte, Bilder oder „Geräte" wie Drucker, Scanner usw.

Zwei Beispiele:

1 Arbeitsoberfläche = Desktop
2 Verknüpfungen zu Programmen
3 Minianwendungen
4 Desktop anzeigen
5 Taskleiste
6 geöffnete Programme
7 Schaltfläche Start

Abb. 2.5 Standardhintergrundbild in Windows 7

Abb. 2.6 Windows 8 mit neuer Metro-Oberfläche

Windows 8 wird seine Stärken vor allem auf Tablet-PCs bzw. bei Verwendung von Touchscreen-Monitoren ausspielen. Das aus Windows 7 bekannte Startmenü wurde durch die Startseite ersetzt. Die Bedienung erfolgt nun über „Kacheln". Neu sind die Apps, Anwendungen im Kacheldesign die im Vollbild-Modus laufen.

Programme starten

Es gibt verschiedene Möglichkeiten, ein Programm zu starten.

Im Folgenden werden einige am Beispiel des Programms *Paint* erläutert.

1. Möglichkeit

Symbol auf Desktop anklicken

▶ Mit einem Doppelklick auf das Symbol Paint, das auf dem Desktop liegt, können Sie das Programm starten.

2. Möglichkeit

Über das Startmenü

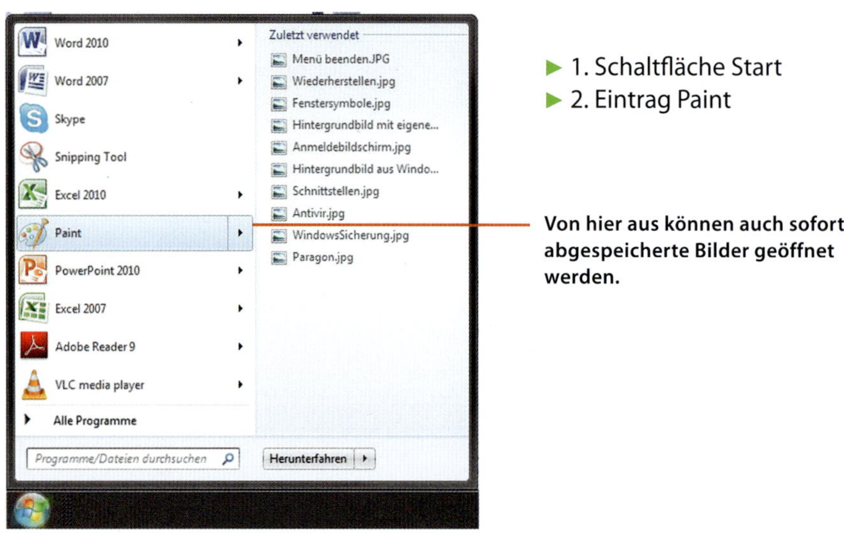

▶ 1. Schaltfläche Start
▶ 2. Eintrag Paint

Von hier aus können auch sofort abgespeicherte Bilder geöffnet werden.

3. Möglichkeit

Suchzeile im Startmenü

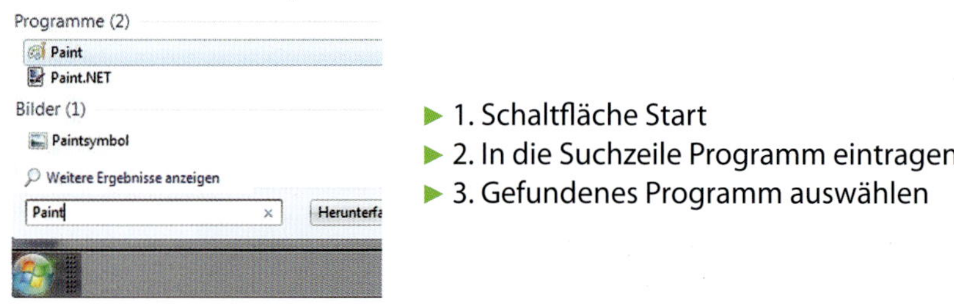

▶ 1. Schaltfläche Start
▶ 2. In die Suchzeile Programm eintragen
▶ 3. Gefundenes Programm auswählen

4. Möglichkeit

Alle Programme anzeigen

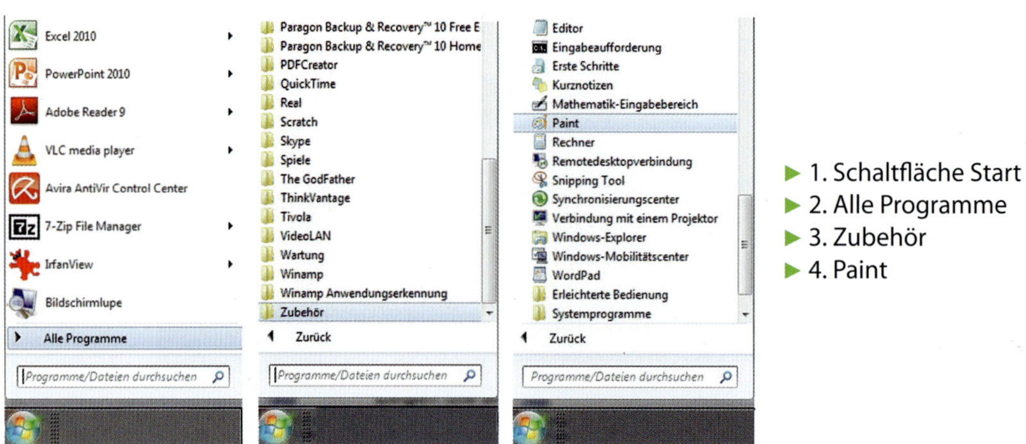

▶ 1. Schaltfläche Start
▶ 2. Alle Programme
▶ 3. Zubehör
▶ 4. Paint

5. Möglichkeit

Schnellstartleiste

Programme (auch Websites, Dokumente u. a.), die häufig verwendet werden, können an die Taskleiste „angeheftet" werden. Dazu wird das Symbol in die Taskleiste gezogen.

- Zum Start Paintsymbol 1-mal anklicken.

Abb. 2.15

Fenstertechniken

Alle Windows-Fenster haben die gleichen Grundelemente:

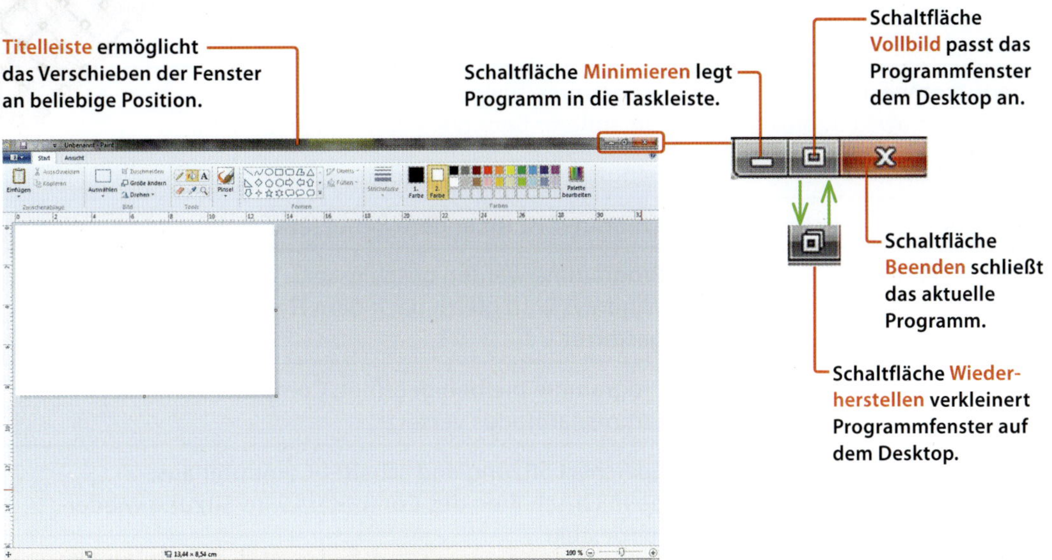

Fenstergrößen verändern

Neben netten Spielereien bringt Windows 7 auch neue nützliche Funktionen mit. So können Sie die Titelleiste eines Fensters im Vollbildmodus nach unten ziehen, um die Größe des Programmfensters zu verringern. Hat das Fenster noch nicht die richtige Größe, schieben Sie den Cursor auf einen Fensterrand oder eine Fensterecke. Mit dem Erscheinen des Doppelpfeils kann bei gedrückter Maustaste die Fenstergröße angepasst werden.

Anordnen von Fenstern

Ziehen Sie die Titelleiste an den rechten oder linken Rand des Bildschirms, wird das Programmfenster auf einer Hälfte des Bildschirms angeordnet. So lassen sich schnell zwei gleich große Fenster nebeneinander positionieren.

Alle geöffneten Programme werden in der Taskleiste als Miniaturansicht angezeigt. Ein neues Feature namens *Aero Peek* verwandelt diese beim Zeigen in eine Art Vorschau im Vollbildmodus. Alle anderen geöffneten Fenster werden vorübergehend ausgeblendet.

Windows beenden

Beenden der Arbeit am Computer:
- Schließen Sie alle Dateien.
- Beenden Sie ordnungsgemäß das Programm, mit dem Sie gearbeitet haben.
- Klicken Sie auf die Startschaltfläche.

- Klicken Sie dann im Menü auf 

Nicht einfach den Computer ausschalten! Dabei könnten Dateien verlorengehen oder beschädigt werden. Sie ziehen ja auch nicht auf einer Autobahnfahrt den Zündschlüssel raus …

Alle Programme werden geschlossen und Windows heruntergefahren.

Klicken Sie auf das Auswahldreieck neben der Schaltfläche, erscheint ein Menü mit diversen Auswahlmöglichkeiten:

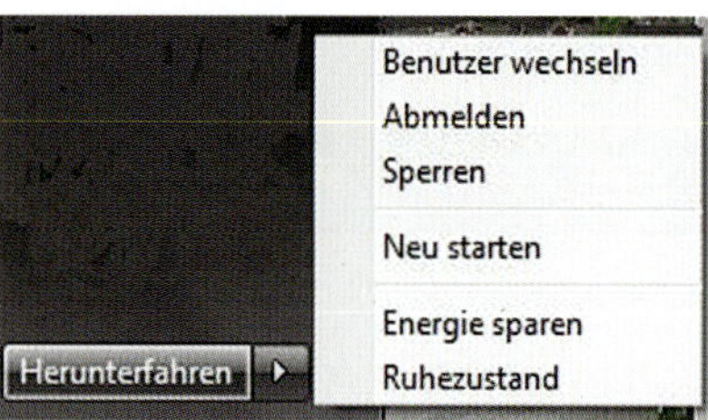

Tabelle 2.2 Das Menü „Herunterfahren"

Benutzer wechseln auch Windows-Logotaste + L	Programme bleiben geöffnet; ein anderer Benutzer kann sich anmelden.
Abmelden	Benutzer wird abgemeldet.
Sperren	Computer ist für andere Benutzeranmeldungen gesperrt.
Neu starten	Programme werden geschlossen; Windows wird gleich nach dem Herunterfahren neu gestartet.
Energie sparen	Programme bleiben geöffnet; Computer wird aber in Stromsparmodus versetzt.
Ruhezustand	Speichert Sitzung und schaltet Computer aus; beim Einschalten des Computers wird Sitzung wiederhergestellt.

2.6 Dateien verwalten

Wenn Sie einen Stapel unerledigter Papiere auf dem Schreibtisch liegen haben, finden Sie das Gesuchte verhältnismäßig schnell wieder, weil Sie immer etwas „schwarz auf weiß" in den Händen halten. Im Computer etwas zu suchen ist da schon mühsamer. Es gibt zwar Suchfunktionen, die aber nur helfen, wenn Sie gewisse Anhaltspunkte haben. Idealerweise kennen Sie den Dateinamen, meist aber weiß man nur ein paar Fragmente. Die Suche wird vor allem dann kompliziert, wenn mehrere Personen mit den Dateien arbeiten.

Verzeichnisse

Deshalb ist Ordnung auch bei der Computerarbeit oberstes Gebot.

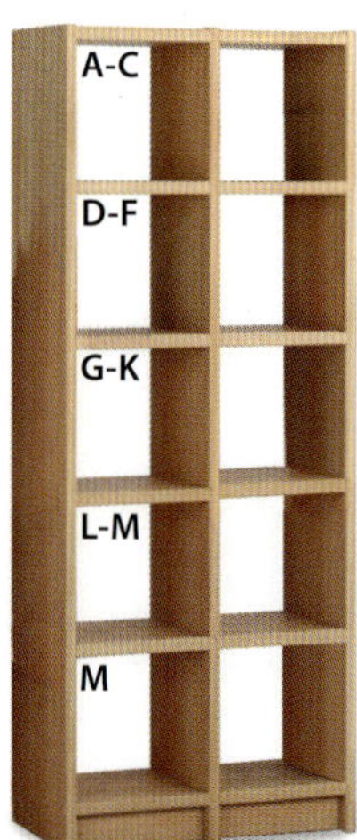

Vergleich Büro – Computer:

Büro	▶ Festplatte
Regale	▶ Laufwerke C:, E:
Weg zu einem Regalfach	▶ Verzeichnisse
Aktenordner	▶ Ordner
Einlegeblätter	▶ Unterordner
Personalbögen	▶ Dateien

Für eine bessere Übersicht werden also Festplatten in (Laufwerke und) Ordner unterteilt. Jeder Ordner kann mehrere Unterordner enthalten. Ordner und Unterordner werden jeweils mit sinnvollen Bezeichnungen versehen.

Laufwerke, Verzeichnisse, Ordner und Dateien lassen sich auf verschiedenste Arten anzeigen.

Eigene Dateien anzeigen

▶ Die eigenen Dateien können Sie sich mit der Schaltfläche Start ▷ <Loginame> anzeigen lassen.

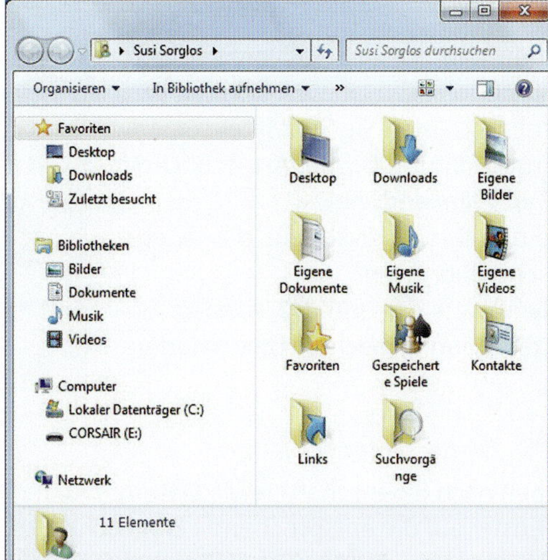

Laufwerke anzeigen

▶ Möchten Sie sich beispielsweise alle Laufwerke (LW) und angeschlossenen Speicher (externe Festplatten, Handy, mp3-Player) in einer Exploreransicht anzeigen lassen, klicken Sie auf die Schaltfläche Start ▷ Computer oder verwenden Sie die Tastenkombination Win + E. Sie können aber auch das Symbol aus der Taskleiste benutzen.

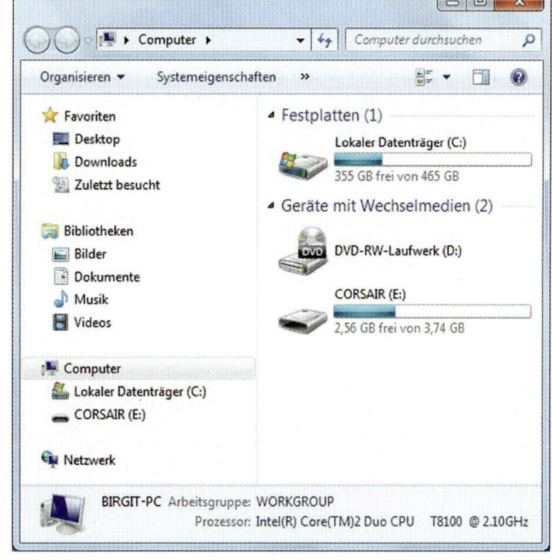

Hier sehen Sie, dass über die Festplatte hinaus ein DVD-Laufwerk existiert und ein USB-Stick (Corsair) angeschlossen ist. Diese LW können mit einem Doppelklick zur weiteren Bearbeitung geöffnet werden.

Dateien suchen

Dateien und Ordner können auf die gleiche Weise gesucht werden wie die Programme:

- Geben Sie den Suchtext (z. B. Ordnername, Dateiname, Textteil) direkt in die Suchzeile (Startmenü) ein.
- Oder suchen Sie in der Exploreransicht: Suchtext in der rechten oberen Ecke eingeben. Zusätzlich können Sie Suchfilter setzen, also Änderungsdatum, Größe, Art (z. B. Ordner) oder Typ (Dateiendung).
- Treffen Sie nun Ihre Auswahl aus den angezeigten Suchergebnissen.
- Mit den Symbolen ⇦ und ⇨ können Sie Aktionen rückgängig machen bzw. wiederherstellen.

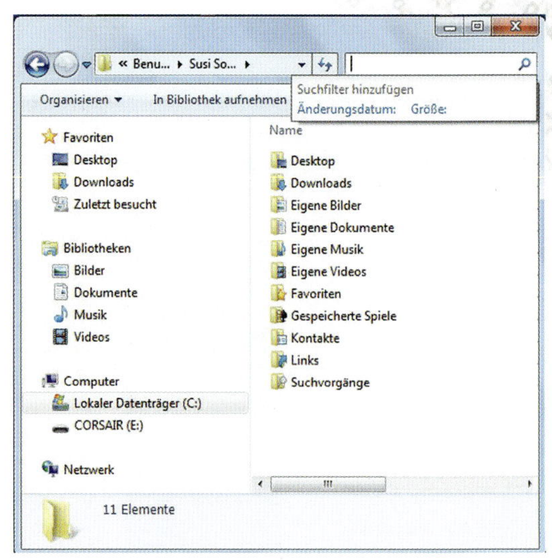

Dateien anordnen

Dateien können nach Eigenschaften wie Datum, Typ und Autor angeordnet werden. Dazu einfach im rechten Fenster auf die entsprechende Eigenschaft klicken.

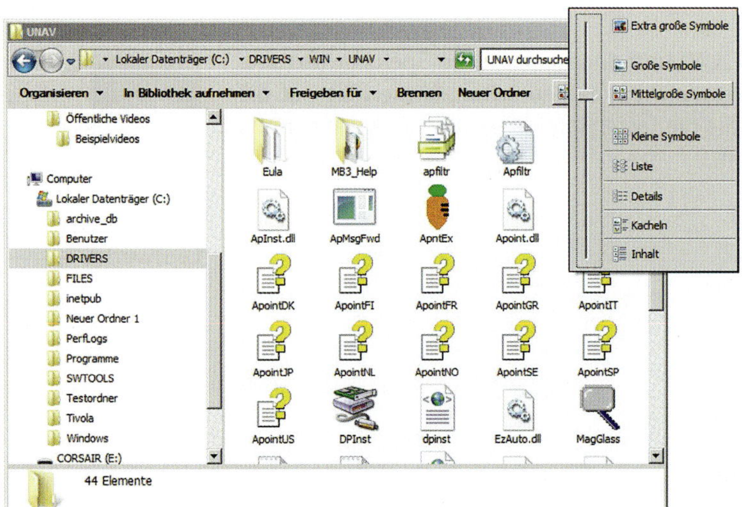

Auch die Art der Anzeige lässt sich individuell einstellen:

- Mit dem ersten Symbol können Sie sich, wie in der Abbildung gezeigt, Größe und Details anzeigen lassen.
- Das zweite Symbol blendet ein Vorschaufenster ein und aus.

Bibliotheken

Eine Neuerung von Windows 7 sind die *Bibliotheken*: Hier werden Daten verwaltet, die in verschiedenen Ordnern gespeichert sind. In einem Bibliotheksordner lassen sich also Ordner von unterschiedlichen Partitionen der Festplatte und externen Speichern darstellen. Das erleichtert den Zugriff auf die Dateien.

Beim Anzeigen von Verzeichnissen haben Sie immer im linken Bereich die Bibliotheken.

Bibliotheken sind Ordnern sehr ähnlich, die darin angezeigten Ordner können aber in unterschiedlichen Verzeichnissen liegen.

Standard sind vier Bibliotheken: Bilder, Dokumente, Musik und Videos.

Natürlich können die vorhandenen Bibliotheken geändert und neue hinzugefügt werden:

TO DO

- Bibliotheken anzeigen lassen
- In Eintrag *Bibliotheken* auf der Symbolleiste ▷ *Neue Bibliothek* anklicken
- Neuen Namen für die Bibliothek eingeben
- Bestätigen
- Öffnen Sie den neu erstellten Bibliotheksordner, können Sie Ordner aufnehmen.

Ordner einem bestehenden Bibliotheksordner hinzufügen:

- Den Ordner, welcher der Bibliothek hinzugefügt werden soll, anklicken
- *In Bibliothek aufnehmen* anklicken
- Bibliothek auswählen

Wichtig: Werden Ordner innerhalb einer Bibliothek gelöscht, sind davon keine Dateien betroffen!

2.7 Papierkorb

Papierkorb

Alle Dateien und Ordner werden nach dem Löschen zunächst in den Papierkorb gelegt. Das hat gegenüber dem sofortigen Löschen einen entscheidenden Vorteil: Alle gelöschten Objekte können mit einem Tastenklick jederzeit in den ursprünglichen Speicherorten wiederhergestellt werden.

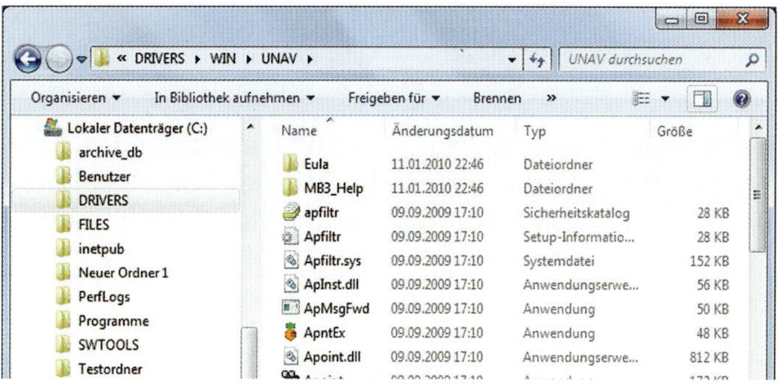

Hinweis: Wird eine Datei in einem Speicherort gelöscht, der sich nicht auf dem Computer befindet (z. B. USB-Stick, Netzwerkordner), wird die Datei *nicht* im Papierkorb gespeichert, sondern dauerhaft gelöscht.

2.8 Installation von Programmen

Softwarelizenzbedingungen

Anwendungsprogramme müssen meist mittels CD oder DVD installiert werden. Auch im Internet wird Software zum Download angeboten. Vor einer Installation sollten Sie sich genau mit den Allgemeinen Geschäftsbedingungen des Anbieters beschäftigen. Denn nicht jede Software darf weitergegeben oder gar kopiert werden.

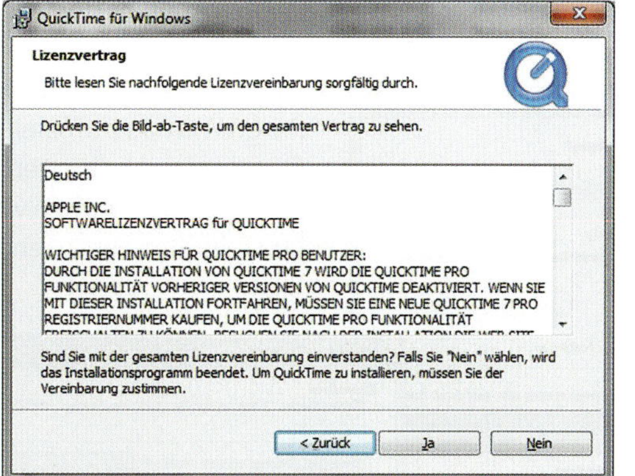

Wichtige Varianten von Software:

Vollversionen

Vollversionen sind Programme ohne Einschränkungen. Bevor diese Programme angewendet werden dürfen, müssen Sie die entsprechende Programmlizenz *kaufen*.

Freeware-Programme

Freeware-Programme sind Softwareprodukte, die ohne Bedingungen kopiert und weitergegeben werden dürfen, solange keine kommerziellen Zwecke verfolgt werden. Das Urheberrecht liegt weiterhin bei dem Programmautor.

Shareware-Programme

Shareware-Programme dürfen als Prüf-vor-Kauf-Software frei kopiert und weitergegeben werden. Bei diesen Programmen werden Sie nach einer bestimmten Zeit oder Anzahl von Aufrufen aufgefordert, die entsprechende Programmlizenz zu kaufen und das Programm zu registrieren. Damit würde aus der Probeversion eine Vollversion.

Beta-Versionen

Beta-Versionen (Testversionen) sind Programmversionen, die noch nicht zum Verkauf freigegeben sind. Sie werden auch **Vorversionen** genannt.

Programmversionen werden mit Hilfe von Zahlen gekennzeichnet. Je neuer eine Programmversion ist, desto höher die Versionsnummer.

Plug-in-Programme

Plug-in-Programme sind Hilfsprogramme, welche die Funktion eines Programms erweitern, zum Beispiel zur Umwandlung von bestimmten Dateiformaten.

Bugs

Ein **Bug** ist ein Programmfehler und kann mit Hilfe eines Patches behoben werden. Die meisten Patches werden von den Software-Herstellern auf ihren Websites kostenlos zum Download angeboten.

Service-Pack

Bei Programmen werden immer wieder Bugs und Schwachstellen festgestellt. Das **Service-Pack** von Microsoft ist eine Zusammenstellung entsprechender Verbesserungen und kann kostenlos von der Microsoft-Homepage heruntergeladen werden.

Update

Ein **Update** dient der Aktualisierung eines schon vorhandenen Computerprogramms. Es beinhaltet selten neue Funktionen.

Upgrade

Upgrades beinhalten eine neue Konfiguration eines Programms und ermöglichen meist weitere Funktionen. Sie sind daher oft kostenpflichtig.

Installationsschritte

Entscheiden Sie sich für die Installation eines Programms, werden nach dem Einlegen des Datenträgers oder beim Start der Download-Datei diverse Sicherheitsabfragen gemacht: „Wollen Sie wirklich ...?", „Es könnte Viren einschleusen", „Es werden Dateien auf dem Computer verändert". Nach der Bestätigung wird endlich ein Installationsassistent geöffnet. Dieser begleitet den User beim Installieren des neuen Programms:

Nach den Softwarelizenzbedingungen, die Sie akzeptieren müssen, erfolgt oft eine Abfrage, ob das Programm „Vollständig" oder „Angepasst" installiert werden soll. Der Einfachheit halber empfiehlt sich die Einstellung „Vollständig". Ein weiteres Fenster bezieht sich auf den Speicherort der Dateien. Auch hier können Sie getrost den Voreinstellungen trauen. Dann folgen Informationen zum Fortschritt der Installation und schließlich die erlösende Nachricht „Software wurde erfolgreich installiert/Installation von ... abgeschlossen".

Lassen Sie sich von den Abfragen nicht aus der Ruhe bringen. Wenn Sie ein Programm aus offiziellen Quellen legal bezogen haben, können Sie den Standardeinstellungen vertrauen. Ein Blick auf die Fenster vor den Bestätigungen kann aber verhindern, dass noch zusätzliche Programme oder Einstellungen geladen werden, die möglicherweise die Symbolleiste Ihres Browsers verändern.

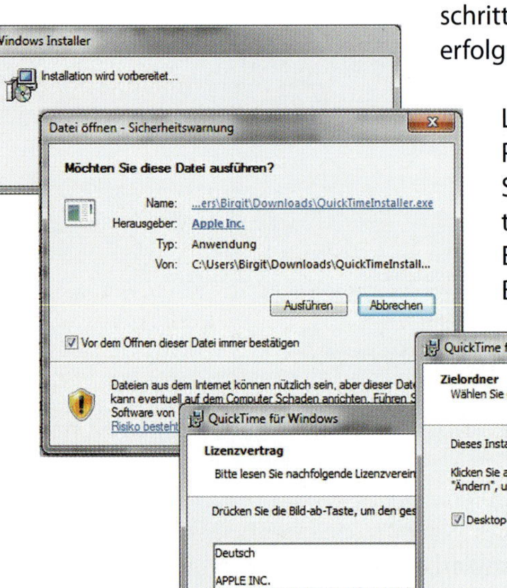

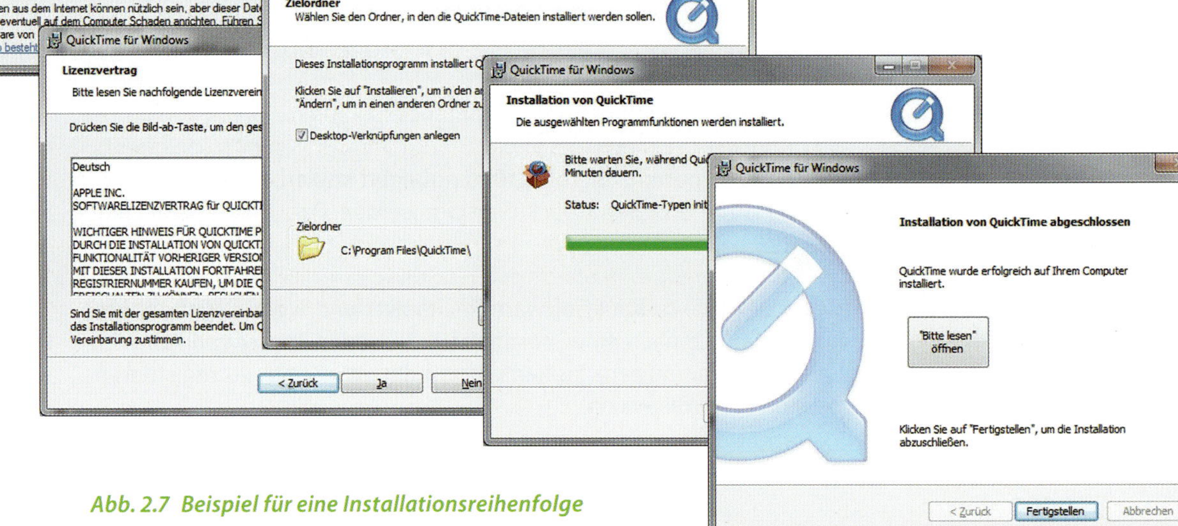

Abb. 2.7 Beispiel für eine Installationsreihenfolge

3.1 Textverarbeitung

Im Privat- wie im Geschäftsleben müssen Sie Texte professionell erstellen. Niemand schreibt heute noch Angebote oder Rechnungen per Hand. Aber nicht nur das einfache Schreiben und Drucken wird von einem Textverarbeitungsprogramm verlangt. Es sollte zudem …

- vielfältige Formatierungsmöglichkeiten bieten.
- Rechtschreibhilfe ausführen.
- ein Synonymwörterbuch anbieten.
- Inhaltsverzeichnisse automatisch erstellen.
- Bilder und Grafiken einfügen.
- Serienbriefe erstellen.
- mit mehreren Texten gleichzeitig arbeiten.
- Suchfunktionen innerhalb eines Dokuments anbieten.
- etc.

Windows bietet mit seinem Betriebssystem einen Texteditor an. Dieser bietet außer den grundlegenden Funktionen (Speichern, Drucken, Schriftart ändern) keine Möglichkeit, professionelle Textdokumente zu erstellen. WordPad ist schon ein wenig anspruchsvoller, für professionelle Anforderungen aber nicht ausreichend.

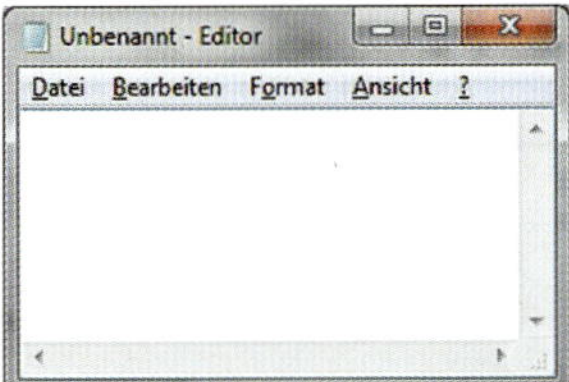

Abb. 3.1 Editor mit sehr wenigen Funktionen

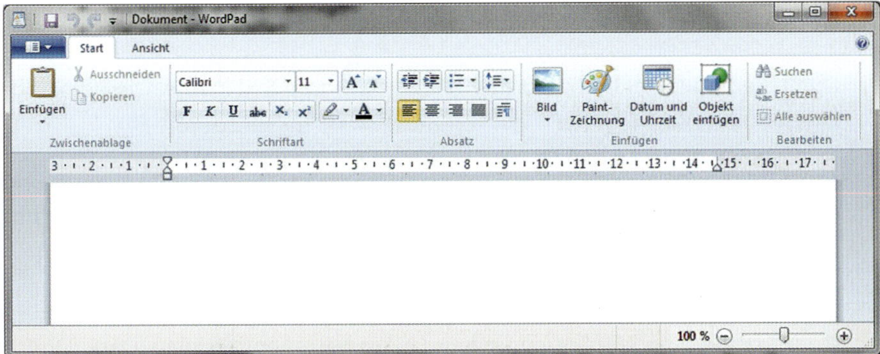

Abb. 3.2 WordPad für einfache Ansprüche

Für gehobene Ansprüche ist es erforderlich, zusätzliche Software zu erwerben.

Einige Textverarbeitungssysteme:

- Textmarker
- Microsoft Word
- OpenOffice bzw. LibreOffice Writer
- WordPerfect

Marktführer ist das Programm Microsoft Word aus dem Office-Paket, obwohl ihm der OpenOffice bzw. LibreOffice Writer (ebenfalls aus einem Office-Paket) hinsichtlich der Funktionalität in nichts nachsteht und sogar kostenlos ist. Während Microsoft seit dem Office-Paket 2007 sein Aussehen und Bedienungskonzept völlig verändert hat, bleibt OpenOffice seinem bewährten Outfit treu.

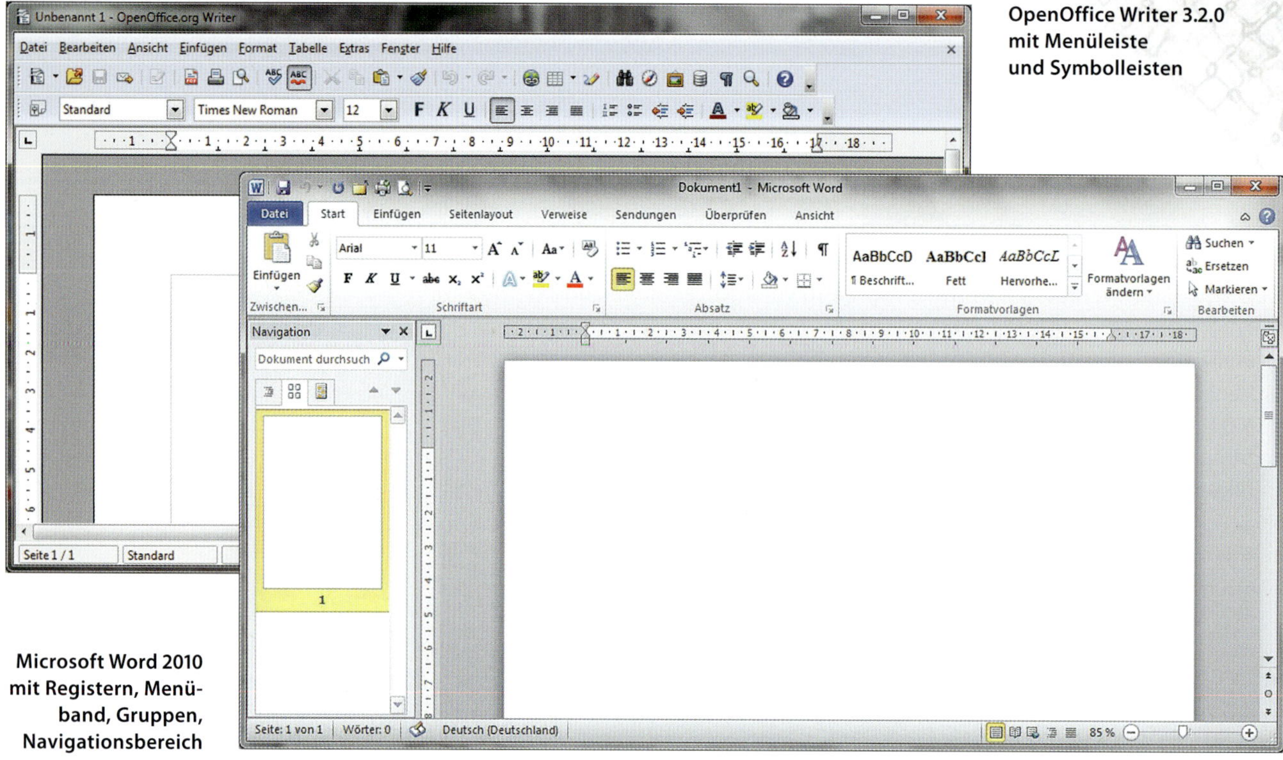

OpenOffice Writer 3.2.0 mit Menüleiste und Symbolleisten

Microsoft Word 2010 mit Registern, Menüband, Gruppen, Navigationsbereich

Abb. 3.3 OpenOffice Writer 3.2.0 und Microsoft Word 2010

3.2 Wichtige Elemente der Textverarbeitung

Zeichen

Jeder Text besteht aus Zeichen. Das können Buchstaben, Zahlen und Sonderzeichen wie &, % sowie Leerzeichen sein. Alle Zeichen sind formatierbar, das heißt, dass man sie in eine bestimmte Form bringen kann.

Zeilenumbruch

Im laufenden Text wird automatisch ein Zeilenumbruch vorgenommen, sprich, das nächste Wort wird auf die nächste Zeile geschrieben. Mit der Entertaste lässt sich ein Zeilenumbruch auch „erzwingen".

Absätze

Durch Betätigen der Return-Taste [↵] teilen Sie Ihren Text in Absätze (= Textblöcke) ein. Der Absatz kann aus einer oder vielen Leerzeilen bestehen.

Seitenumbruch

Ist eine Seite voll beschrieben, wird der Text automatisch auf die nächste Seite gebracht. Man bezeichnet das als Seitenumbruch. Der Seitenumbruch kann auch individuell eingestellt werden.

Autokorrektur

Die Autokorrektur ist eine automatische Wortprüfung, die bereits während einer Texteingabe Korrekturen anhand einer bestehenden Liste (Datei/Optionen, Dokumentprüfung, Autokorrektur-Optionen) vornimmt. Veränderungen oder Ergänzungen zu der Standardeinstellung sind jederzeit möglich.

Thesaurus

Oft merkt man erst nach dem Schreiben eines Textes, dass sich bestimmte Wörter wiederholen. Hier ist der Thesaurus, das Synonymwörterbuch, eine gute Hilfe. Er schlägt Ihnen Ersatzwörter vor. Damit wird der Text „flüssiger".

AutoText

Gerade im täglichen Schriftverkehr wiederholen sich immer wieder bestimmte Phrasen oder Textabschnitte, zum Beispiel „Sehr geehrte Damen und Herren" oder „Mit freundlichen Grüßen". Solche Textteile lassen sich über eine Abkürzung in den Textteil kopieren. Statt „Mit freundlichen Grüßen" brauchen Sie dann nur „mfg" einzugeben, der komplette Text folgt sofort wie von Geisterhand geschrieben.

Formatieren Unter Formatieren versteht man die vielen Möglichkeiten, Texte zu gestalten: Ziffern, Buchstaben, einzelne Wörter oder ganze Textpassagen lassen sich in verschiedenen Schriftgrößen und -arten, fett oder kursiv, hoch- oder tiefgestellt, unterstrichen oder in verschiedenen Farben darstellen.
Unter Absatzformatierung versteht man die Gestaltung eines Absatzes, zum Beispiel die Gestaltung des Textes als Blocksatz (linker und rechter Rand des Textes bündig) oder Flattersatz (die Zeilen sind nicht gleich lang, sondern mal länger und mal kürzer), Einrücken von einzelnen oder mehreren Zeilen.

Shortcuts Shortcuts sind Tastenkombinationen, die Befehle, die aus mehreren Arbeitsschritten bestehen, verkürzen. Für jemanden, der viel mit dem Programm arbeitet, ist das eine erhebliche Arbeitserleichterung und Zeitersparnis.

Dialogfenster

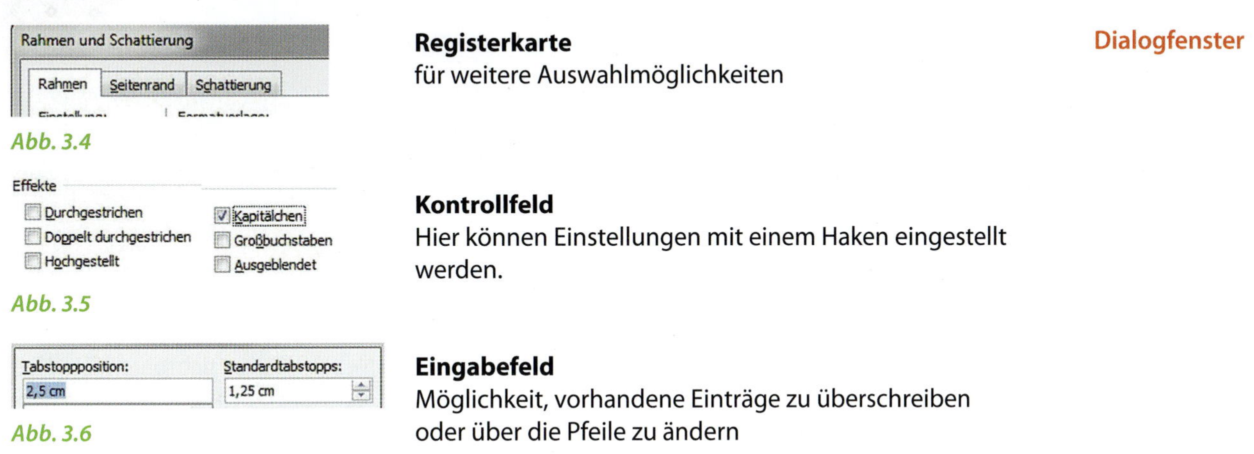

Abb. 3.4

Registerkarte
für weitere Auswahlmöglichkeiten

Abb. 3.5

Kontrollfeld
Hier können Einstellungen mit einem Haken eingestellt werden.

Abb. 3.6

Eingabefeld
Möglichkeit, vorhandene Einträge zu überschreiben oder über die Pfeile zu ändern

3.3 Das Textverarbeitungssystem Word 2010

Die einfachste Möglichkeit, Programme zu starten, ist der Doppelklick auf das entsprechende Symbol auf dem Bildschirm. Für das Programm Microsoft Word 2010 verwenden Sie das Symbol

Microsoft Word 2010 Auf dem Bildschirm erscheint ein leeres Dokument:

Word-Bildschirm

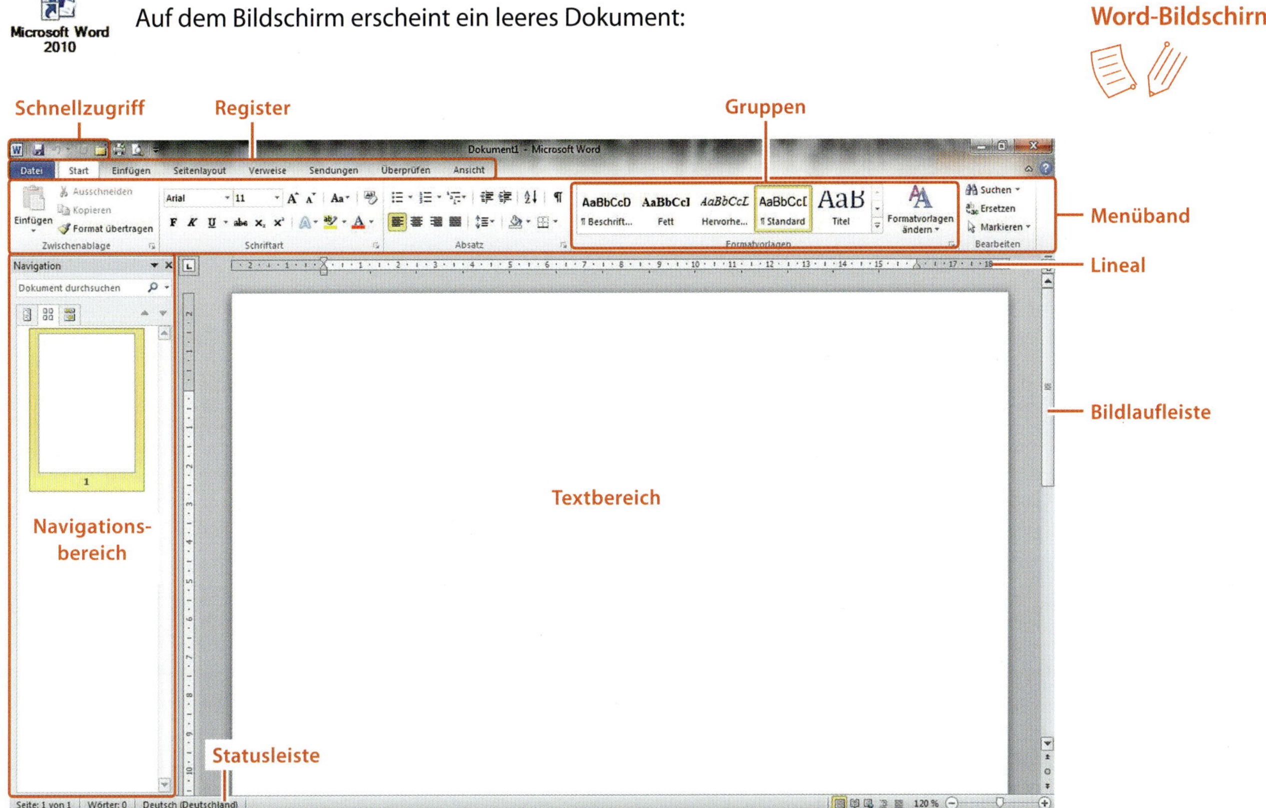

Der Navigationsbereich lässt sich wie folgt ein- bzw. ausschalten:

- 1. Register *Ansicht/Anzeigen*
- 2. Navigationsbereich an- bzw. ausklicken

Wenn Sie Word starten, kann es sein, dass der Bildschirm anders aussieht als der oben gezeigte. Schnellzugriff, Register und Menüband lassen sich individuell gestalten. Symbole können entfernt oder ergänzt werden.

Word beenden

Unterschiedliche Möglichkeiten, um Word zu beenden, zeigt folgende Tabelle:

Tabelle 3.1 Möglichkeiten, Word zu beenden

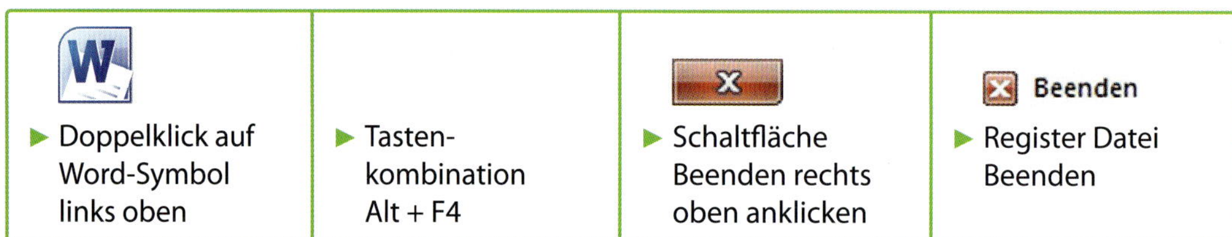

			Beenden
▶ Doppelklick auf Word-Symbol links oben	▶ Tasten-kombination Alt + F4	▶ Schaltfläche Beenden rechts oben anklicken	▶ Register Datei Beenden

3.4 Nicht druckbare Zeichen

Buchstaben und Zahlen erscheinen direkt auf dem Bildschirm. Neben diesen sichtbaren Zeichen gibt es jene, die ausschließlich der Formatierung dienen und in der Regel nicht ausgedruckt werden sollen.

Normalerweise arbeiten Sie so, dass die Zeichen ausgeblendet sind. Beim Formatieren der Texte werden Sie aber bald erkennen, wie wichtig diese Funktion ist.

TO DO

- Starten Sie das Programm *Microsoft Word.*
- Drücken Sie 5-mal die Leertaste.
- Drücken Sie 5-mal die Entertaste.
- Drücken Sie 5-mal die Tabulatortaste.

Ein- und Ausblenden

Sie haben auf dem Bildschirm beobachtet, wie der Cursor „umhergesprungen" ist. Obwohl momentan keine Zeichen auf dem Bildschirm erkennbar sind, hat jede Taste Spuren hinterlassen. Diese können Sie sich anzeigen lassen:

TO DO

- Register *Start/Absatz*
- Zeichen ¶ aktivieren.
- Deaktivieren Sie es wieder.

Sie konnten nun sehen, wo Sie welche Zeichen gesetzt haben:

····· Leerzeichen
¶ Absatzmarken (Enter)
→ Tabulator

Während des Arbeitens werden Sie noch weitere „nicht druckbare Zeichen" kennenlernen.

3.5 Symbole anpassen

Schnellzugriff

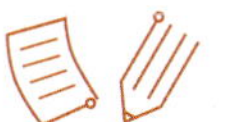

Die Symbole der Symbolleiste Schnellzugriff sind immer verfügbar – egal, in welchem Register Sie sich befinden. Standardmäßig sind dort aber nur die Befehle Speichern, Rückgängig und Wiederholen eingerichtet. Schnell werden Sie bemerken, dass man Befehle wie Seitenansicht und Drucken öfter braucht und deshalb mit nur einem Tastenklick auslösen möchte, ohne vorher in den Registern herumzustöbern.

So richten Sie sich den Schnellzugriff ein:

- ▶ Pull-down-Menü des Schnellzugriffs anklicken.
- ▶ Befehle aus Liste auswählen.
  Dieser wird als Symbol im Schnellzugriff angezeigt eingefügt. Sollte der gewünschte Befehl nicht in der Liste vorhanden sein,
- ▶ Funktion *Weitere Befehle* anklicken.

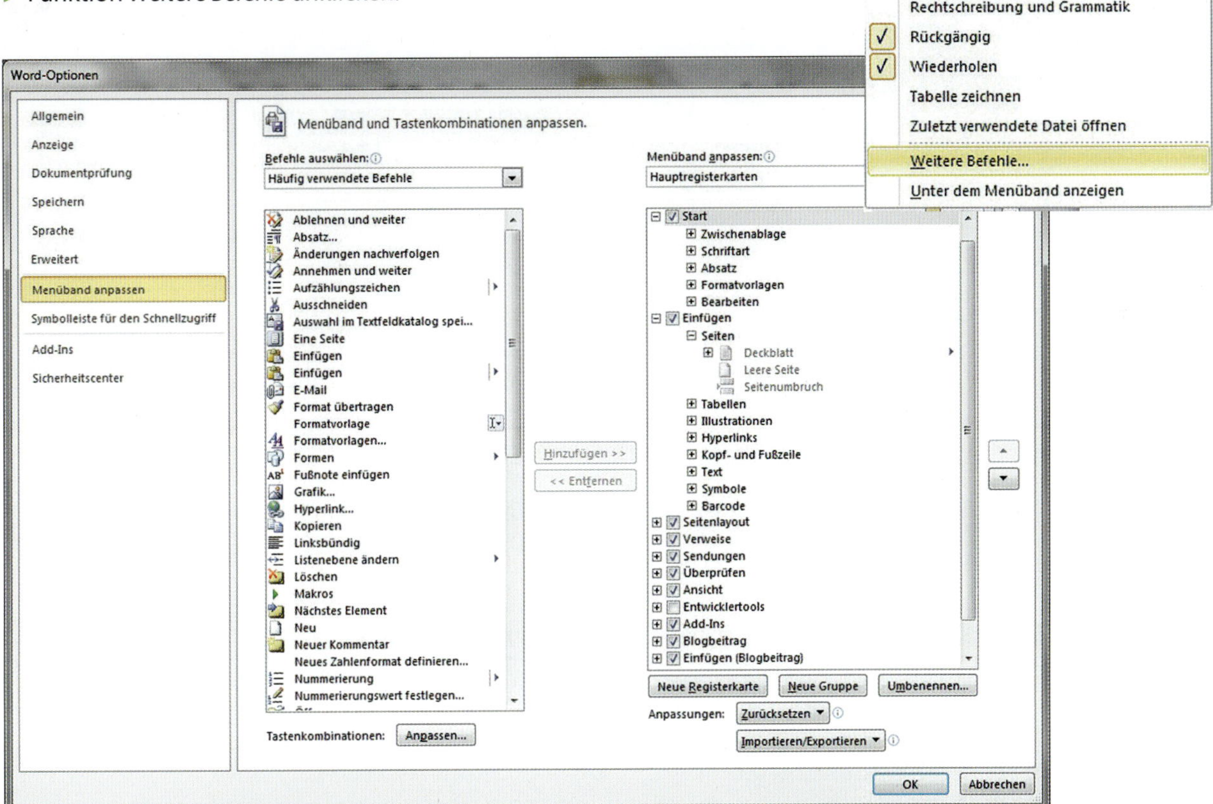

Hier stehen alle Symbole/Befehle zur Verfügung. Wählen Sie den gewünschten Befehl aus und klicken Sie auf Hinzufügen. Mit OK bestätigen Sie Ihre Auswahl. Die gewählten Befehle erscheinen nun als Symbole im Schnellzugriff.

TO DO

Ergänzen Sie die folgenden Symbole in Ihrer Symbolleiste.
Schnellzugriff:
Seitenansicht und Drucken, Öffnen, Schnelldruck

- Öffnen Sie das Pull-down-Menü der Symbolleiste.

- Wählen Sie nun die entsprechenden Symbole aus.
  Nach jeder Auswahl muss das Pull-down-Menü wieder neu geöffnet werden.

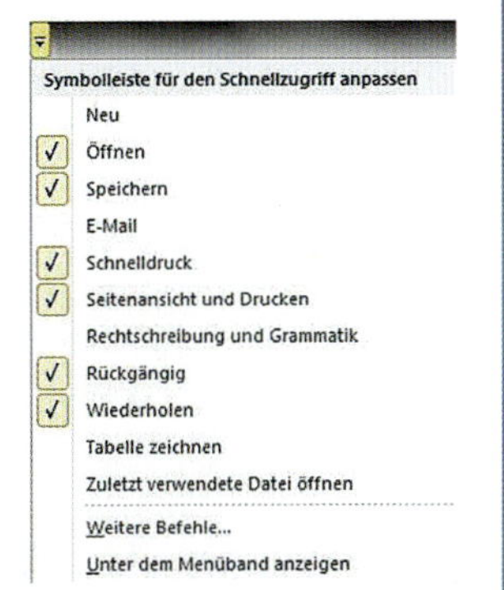

Menüband

Symbole, die Sie nicht benötigen, können Sie aus dem Arbeitsfeld entfernen. Andere, die Sie häufiger brauchen, können Sie in selbst erstellte Register einfügen.
Dabei gehen Sie wie folgt vor:
▶ Register *Datei* ▷ *Optionen* ▷ *Menüband anpassen*

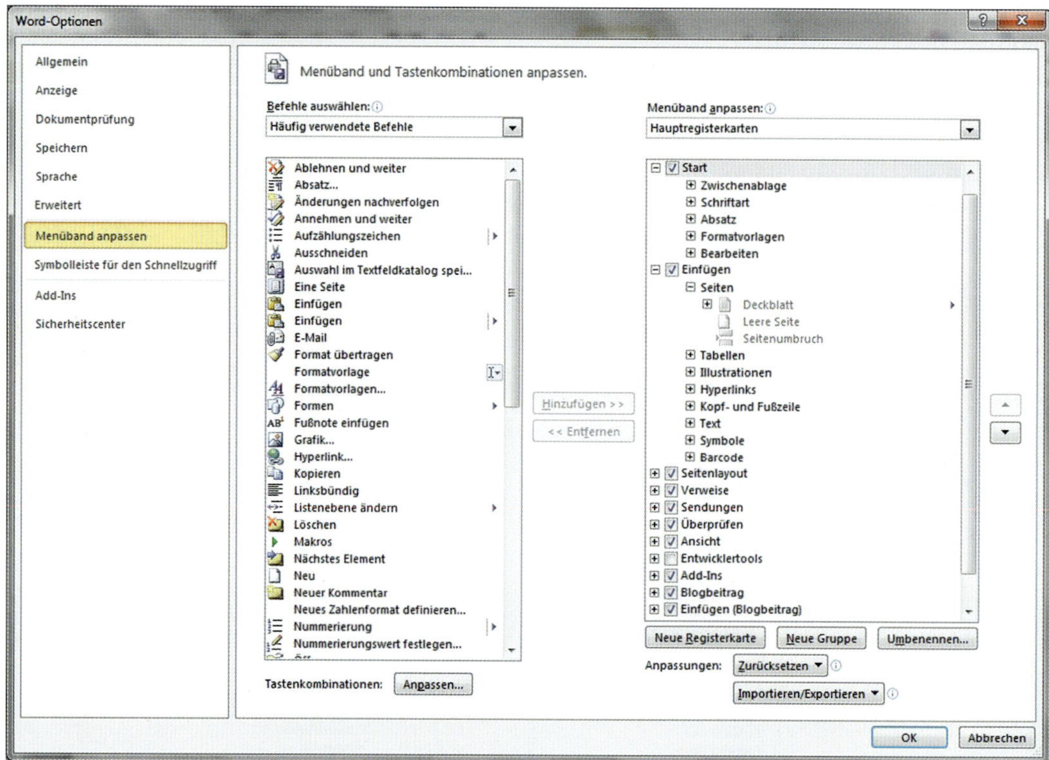

In diesem Fenster können Register, Gruppen und Symbole dem Menüband zugeordnet werden.

3.6 Dokument anlegen, speichern und öffnen

Neues Dokument erstellen

In Word können Sie gleichzeitig mit mehreren Dokumenten arbeiten. Um Dokumente neu zu erstellen, gehen Sie wie folgt vor:

TO DO

- Register *Datei*
- *Neu*
- Schaltfläche *Erstellen*
- Sie können aber auch die Tastenkombination Strg + N anwenden.

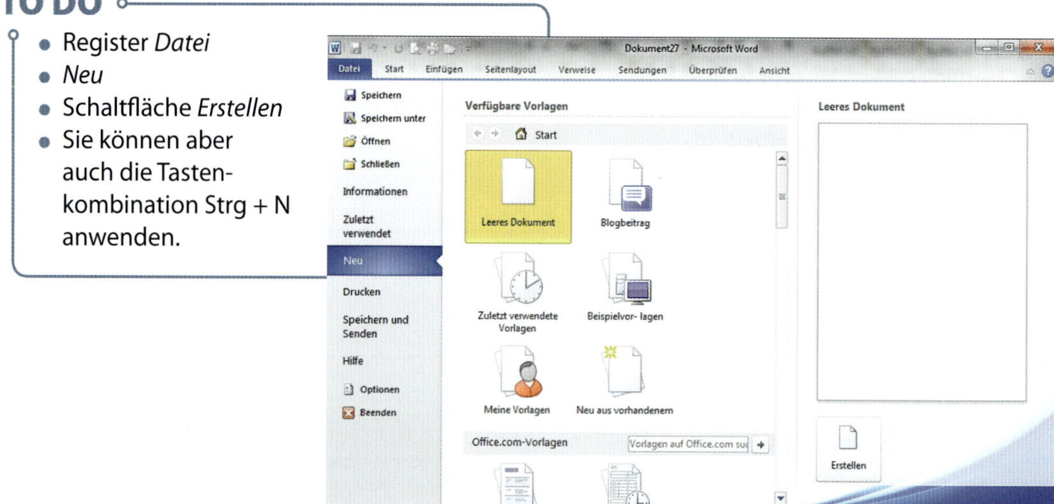

TO DO

- Geben Sie den folgenden Text ein. Schreiben Sie den Text nur ab und machen Sie zwischendurch keinerlei Korrekturen.

SchülerVZ

Ausschlaggebend für den Erfolg des *SchülerVZ* dürfte vor allem sein, dass Schüler hier unter sich sind. Der Zutritt ist laut AGB Schülern ab zwölf Jahren vorbehalten. Einen neuen Account kann man nur mit einer Einladung eines Mitglieds anlegen.

Der unbesorgte Umgang mit Nutzerdaten in diesem Netzwerk schreckt Sicherheitsexperten aber besonders auf. Bedenkenlos geben Schüler in ihren Benutzerprofilen detailliert private Informationen und Fotos preis. Jeder Teilnehmer erfährt hier nicht nur die besuchte Schule und Klasse, sondern auch Geburtstage, besuchte Sportvereine, politische Orientierung, was und wen man mag beziehungsweise nicht mag. Dabei vergessen sie oft, dass Informationen im Netz für jedermann zugänglich sind und es auch bleiben.

Empfehlungen:
- Auf den Profilseiten so wenig wie möglich über sich preisgeben.
- Fotoalben nur für sich selbst oder Freunde freigeben, also nicht für die Allgemeinheit.
- Persönliche Dinge sollten die Schüler lieber per E-Mail austauschen statt auf der Pinnwand.
- Einstellungen für die Privatsphäre genau überprüfen.

Wann immer ein Mobbingfall in *SchülerVZ* publik wird, ist die Not groß. Nicht selten sind Lehrer oder Eltern der betroffenen Kinder dann überfordert, weil sie *SchülerVZ* nicht kennen und nicht wissen, was sie tun sollen.

SchülerVZ unterhält eine Hotline, an die sich Jugendliche, Lehrer und Eltern wenden können. Die Leitung mit der Nummer 030/ 405 04 27 47 ist montags und donnerstags in der Zeit von 16 bis 18 Uhr und mittwochs zwischen 10 und 12 sowie 14 und 16 Uhr besetzt.

Dokumente speichern

Speicherort und Speichername einer Datei sind wichtig für das schnelle Wiederfinden. Eine logische Verzeichnisstruktur muss jeder Nutzer für sich selbst finden. In Netzwerken sind die zugewiesenen Speicherorte zu beachten.

Der Prozess des Abspeicherns ist jedoch immer gleich:

TO DO

- Register *Datei*
- *Speichern unter …*
- Laufwerk, Verzeichnis wählen (z. B. H:\Word)
- Dateiname eingeben (*SchülerVZ*)
- *Speichern*
- Schließen Sie die Datei.

Um diese Datei nach Veränderungen im gleichen Verzeichnis und unter dem gleichen Namen nochmals zu speichern, brauchen Sie nur das Speichersymbol im Schnellzugriff anzuklicken.

Dokumente öffnen

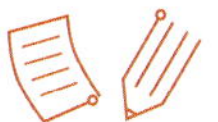

So wie Texte gespeichert werden, können sie auch wieder geöffnet werden. Dateien, die Sie selbst gespeichert haben, finden Sie auch in Ihrem Verzeichnis wieder. Werden Dateien aber vielen Schülern bzw. Mitarbeitern zur Verfügung gestellt, ist nicht zu erwarten, dass diese jedem in sein persönliches Verzeichnis gestellt werden. Hier gibt es daher einen anderen Verzeichnisweg.

Prinzipiell sind aber folgende Schritte einzuhalten:

▶ 1. Register *Datei*
▶ 2. *Öffnen*
▶ 3. Laufwerk, Verzeichnis wählen (z. B. H:\Word oder Arbeitsdaten (F:\Klasse_EL1)
▶ 4. Dateiname doppelt anklicken

TO DO

- Öffnen Sie die Datei *SchülerVZ.*

3.7 Befehle rückgängig machen

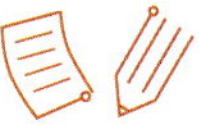

Eine Buchstabenkorrektur können Sie mit den Tasten Entf oder Backspace vornehmen. Die Tasten unterscheiden sich darin, dass die Entferntaste zeichenweise nach rechts löscht und die Backspace-Taste nach links. Beim Löschen ganzer Wörter halten Sie zusätzlich die Strg-Taste.
Größere Textpassagen können Sie auch markieren, bevor Sie diese mit einer der beiden Tasten löschen.
Beim Formatieren, Löschen und Einfügen unterlaufen häufig Fehler. Hier brauchen Sie nur im Schnellzugriff den Rückgängig-Button zu drücken, und die letzten Eingaben werden schrittweise rückgängig gemacht.

Alternative: die Tastenkombination Strg + Z.

TO DO

- Korrigieren Sie den Text *SchülerVZ*.
- Speichern Sie ihn wieder im gleichen Verzeichnis ab.

3.8 Markieren von Texten

Texte können mit der Maus oder mit der Tastatur markiert werden. Auch hierfür gibt es verschiedene Tastenkombinationen.

Natürlich muss niemand alle Tastenkombinationen beherrschen, doch schon bald kennt man die, die man öfter braucht, weil sie einfach praktisch sind.

Für den Anfang ist es hilfreich, die folgenden Tastenkombinationen und Klicks zu kennen:

Tabelle 3.2 Tastenkombinationen

Aktion	Markierung
Doppelklick auf Wort	*Wort*
Strg + Linksklick in Satz	*Satz*
links neben der Zeile (Mauszeiger wird schräger Pfeil) anklicken	*Zeile*
Strg + A	*komplettes Dokument*

TO DO

- Öffnen Sie Ihren Text *SchülerVZ*.
- Probieren Sie nun die Tastenkombinationen, wie im Arbeitsblatt *Bearbeiten von Texten* beschrieben, aus.
- Machen Sie sich entsprechende Notizen auf dem Arbeitsblatt.

3.9 Rechtschreibprüfung

Sicherlich sind Ihnen schon die roten und blauen Wellenlinien unter geschriebenen Texten aufgefallen. Rot kennzeichnet ein Wort, das das Programm Word nicht in seinem Wörterbuch gespeichert hat. Das heißt aber nicht zwangsläufig, dass dieses Wort auch falsch geschrieben ist. Nachnamen oder Fachbegriffe werden häufig unterkringelt.

Abb. 3.14

Rechtschreibprüfung einzelner Wörter

Für die Überprüfung eines einzelnen Wortes nutzen Sie den Rechtsklick auf das gekennzeichnete Wort. Im Kontextmenü werden Ihnen meist Vorschläge für die Korrektur gemacht. Im nebenstehenden Beispiel wurde das Wort „Korrektur“ falsch geschrieben. Word macht hier zwei Vorschläge für die Verbesserung. Mit der Maus können Sie nun den richtigen Vorschlag anklicken.

Rechtschreibprüfung des gesamten Textes

Für die Überprüfung des gesamten Textes lohnt es sich, die automatische Rechtschreib- und Grammatikprüfung aufzurufen. Sie finden diese im Register *Überprüfen/Dokumentenprüfung*.

Die Korrekturmöglichkeiten sind ähnlich wie bei der Einzelwortprüfung, allerdings wird nach der Korrektur automatisch zum nächsten unbekannten Wort gesprungen. Die Korrekturoptionen sind gut verständlich:

Tabelle 3.3 Rechtschreibung

Schaltfläche	*Auswirkung*
Einmal ignorieren	*Gekennzeichnetes Wort bleibt unverändert im Text.*
Alle ignorieren	*Kommt das gekennzeichnete Wort mehrmals im Text vor, wird dieses (bei diesem Durchlauf der Kontrolle) nicht wieder als Fehler angezeigt.*
Zum Wörterbuch hinzufügen	*Wort wird in das Benutzerwörterbuch geschrieben. Damit wird dieses Wort bei der nächsten Kontrolle nicht nochmals angezeigt.*
Ändern	*Der Korrekturvorschlag wird für die angezeigte Situation angenommen.*
Alle ändern	*Der Korrekturvorschlag wird für die gleiche Situation im gesamten Dokument übernommen.*
Autokorrektur	*Der Korrekturvorschlag wird schon bei der Eingabe des Textes automatisch akzeptiert.*
Abbrechen	*Abbruch der Rechtschreibkontrolle*

Achtung: Die automatische Überprüfung Ihres Dokumentes ersetzt nicht die eigene Kontrolle.

3.10 Formatierungen

Zeichenformatierung

Das Register Start/Schriftart bietet Möglichkeiten, um einen Text ansprechend zu gestalten. Häufig gebrauchte Befehle liegen im Menüband, zum Beispiel:

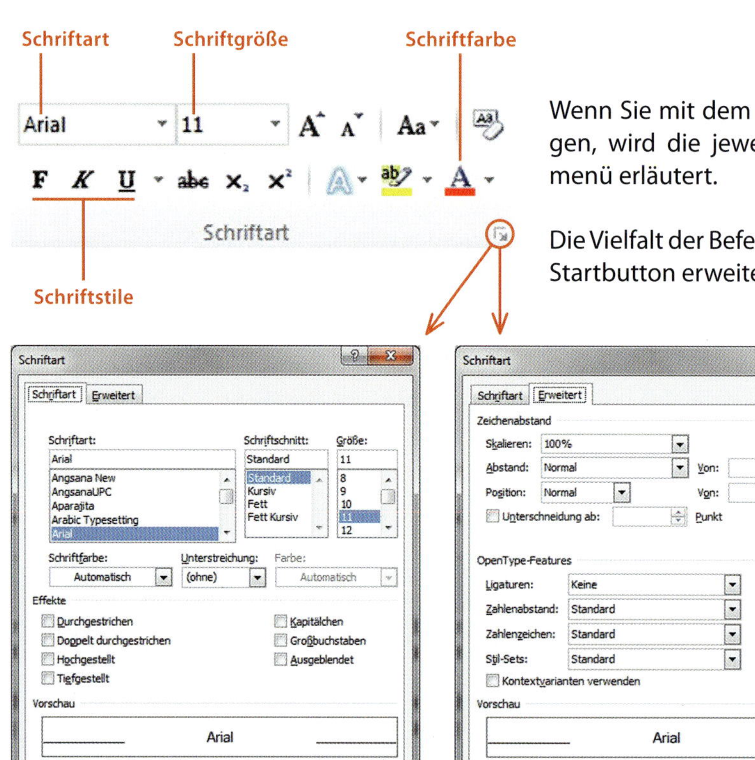

Wenn Sie mit dem Cursor auf die Symbole zeigen, wird die jeweilige Funktion im Kontextmenü erläutert.

Die Vielfalt der Befehle kann über den Gruppen-Startbutton erweitert werden.

Hinweis: Zum Formatieren muss dem Computer genau die Stelle angezeigt werden, die verändert werden soll. Deshalb erst markieren (Buchstabe, Wort oder Absatz) und dann formatieren!

TO DO

- Öffnen Sie Ihren Text *SchülerVZ*.
- Probieren Sie nun die Befehle des Registers *Start/Schriftart* aus.
- Ergänzen Sie das Arbeitsblatt Zeichenformatierung.

Absatzformatierung

Auch die Absatzformatierung ist eigentlich ganz einfach: Möchten Sie einen Absatz formatieren, genügt es, den Cursor an einer beliebigen Stelle des Absatzes zu platzieren. Zum Formatieren mehrerer Absätze müssen diese wie beschrieben markiert werden.

Im Register *Start/Absatz* finden Sie die Übersicht über relevante Befehle.

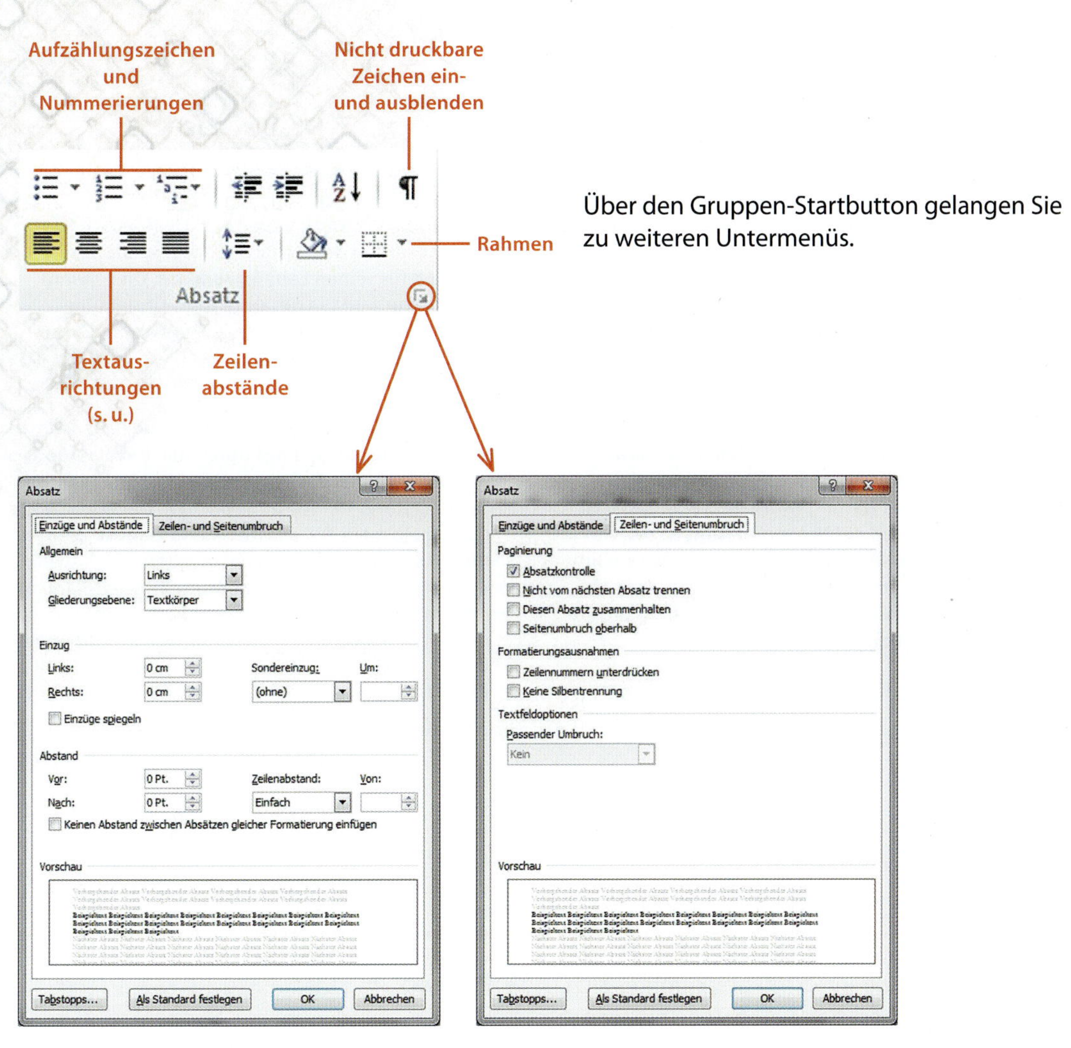

Über den Gruppen-Startbutton gelangen Sie zu weiteren Untermenüs.

Textausrichtung

Die vier Textausrichtungen: linksbündig, rechtsbündig, zentriert und Blocksatz.

Tabelle 3.4 Texte ausrichten

Ausrichtung	*Schalter*	*Tastenkombination*
linksbündig	≡	[Strg]+[L]
zentriert	≡	[Strg]+[E]

Ausrichtung	*Schalter*	*Tastenkombination*
rechtsbündig	≡	[Strg]+[R]
Blocksatz	≡	[Strg]+[B]

Die Ausrichtung wird im Register *Start/Absatz* oder im Gruppenmenü Absatz eingestellt.

TO DO

Öffnen Sie die Übungsdatei Textausrichtung und speichern Sie diese sofort unter dem gleichen Namen in Ihrem Verzeichnis ab. Und nun formatieren Sie wie folgt:

- erster Absatz: Blocksatz
- zweiter Absatz: linksbündig
- dritter Absatz: zentriert
- vierter Absatz: rechtsbündig
- Formatieren Sie bei jedem Absatz die Überschrift kursiv.
- Speichern Sie nochmals ab.

So sollte die Lösung aussehen:

Blocksatz

Früher hat die Natur die Bau- und Lebensform bestimmt. Heute, bedingt durch den Bevölkerungszuwachs, ist die Lebens- und Bauform vielfach zum Zerstörer der Natur geworden. Der Mensch ist aber selbst ein Teil der Natur und trägt so die Verantwortung für seinen Lebensraum mit. Dies zwingt die Architektur und die gesamte Umweltplanung zu einem Umdenken. Wir müssen die Natur in unsere Planung einbeziehen.

Zentriert

Früher hat die Natur die Bau- und Lebensform bestimmt. Heute, bedingt durch den Bevölkerungszuwachs, ist die Lebens- und Bauform vielfach zum Zerstörer der Natur geworden. Der Mensch ist aber selbst ein Teil der Natur und trägt so die Verantwortung für seinen Lebensraum mit. Dies zwingt die Architektur und die gesamte Umweltplanung zu einem Umdenken. Wir müssen die Natur in unsere Planung mit einbeziehen.

Linksbündig

Früher hat die Natur die Bau- und Lebensform bestimmt. Heute, bedingt durch den Bevölkerungszuwachs, ist die Lebens- und Bauform vielfach zum Zerstörer der Natur geworden. Der Mensch ist aber selbst ein Teil der Natur und trägt so die Verantwortung für seinen Lebensraum mit. Dies zwingt die Architektur und die gesamte Umweltplanung zu einem Umdenken. Wir müssen die Natur in unsere Planung mit einbeziehen.

Rechtsbündig

Früher hat die Natur die Bau- und Lebensform bestimmt. Heute, bedingt durch den Bevölkerungszuwachs, ist die Lebens- und Bauform vielfach zum Zerstörer der Natur geworden. Der Mensch ist aber selbst ein Teil der Natur und trägt so die Verantwortung für seinen Lebensraum mit. Dies zwingt die Architektur und die gesamte Umweltplanung zu einem Umdenken. Wir müssen die Natur in unsere Planung mit einbeziehen.

Häufig werden die Einzüge für ganze Absätze mit den Erstzeileneinzügen verwechselt. Beide Einzüge lassen sich sowohl im Lineal als auch im Gruppenmenü Absatz einstellen.

TO DO

1. Schreiben Sie die folgenden drei Absätze ab:
   Einzüge können die Übersichtlichkeit des geschriebenen Textes wesentlich verbessern. Bei langen Texten empfiehlt es sich, das erste Wort der ersten Zeile ein wenig einzuziehen.
   Soll ein Absatz besonders hervorgehoben werden, kann dieser insgesamt eingezogen werden. Es sieht dann so aus, als stünde der Absatz in der Mitte der Zeile.
   Natürlich können Sie die Texteinzüge auch kombinieren. Das wird zwar nicht unbedingt bei einem Geschäftsbrief angewendet, trotzdem ist es schön zu wissen, wie es geht.

2. Ziehen Sie im ersten Absatz nur die erste Zeile um 2 cm ein! Gehen Sie wie folgt vor:
   - Cursor in den Absatz setzen.
   - Im Lineal das obere Dreieck auf die 2 schieben.

   oder
   - Cursor in den Absatz setzen.
   - Gruppen-Startbutton Absatz anklicken.
   - Sondereinzug ▶ Erste Zeile
   - Um ▶ 2 cm

   Sondereinzug: Erste Zeile — Um: 2 cm

3. Ziehen Sie den zweiten Absatz rechts 3 cm und links 4 cm ein. Gehen Sie wie folgt vor:
   - Cursor in den Absatz setzen.
   - Rechteck im Lineal links auf die 3 schieben.

   - Unteres Dreieck im Lineal rechts um 4 cm auf 13,75 cm verschieben.

   oder
   - Cursor in den Absatz setzen.
   - Gruppen-Startbutton Absatz anklicken.
   - Einzug:
     - Links: 3 cm
     - Rechts: 4 cm

   Einzug — Links: 3 cm — Rechts: 4 cm — Sondereinzug: (ohne) — Um:

   oder
   - Cursor in den Absatz setzen.
   - Register *Seitenlayout/Absatz*
   - Einzug:
     - Links: 3 cm
     - Rechts: 4 cm

   Einzug — Links: 3 cm — Rechts: 4 cm

4. Ziehen Sie nun den dritten Absatz rechts 2 cm und links 2 cm ein und setzen Sie den Erstzeileneinzug auf Hängend 1 cm!

Ihr Text sollte jetzt so aussehen:

Einzüge können die Übersichtlichkeit des geschriebenen Textes wesentlich verbessern. Bei langen Texten empfiehlt es sich, das erste Wort der ersten Zeile ein wenig einzuziehen.

Soll ein Absatz besonders hervorgehoben werden, kann dieser insgesamt eingezogen werden. Es sieht dann so aus, als stünde der Absatz in der Mitte der Zeile.

Natürlich kann man auch die Texteinzüge kombinieren. Das wird zwar nicht unbedingt bei einem Geschäftsbrief angewendet, trotzdem ist es schön zu wissen, wie es geht.

Zeilenabstände

Zeilenabstände werden in Briefen und wissenschaftlichen Arbeiten gesondert eingestellt. Ein etwas größerer Zeilenabstand als der standardmäßige erhöht die Lesbarkeit von Texten. In dem Register *Start/Absatz* finden Sie das Symbol für die Veränderung des Zeilenabstands.
Aber auch im Gruppenmenü Absatz können Sie unter dem Stichwort Zeilenabstand diesen einstellen.

TO DO

Ergänzen Sie auf dem Arbeitsblatt *Absatzformatierung* die restlichen Punkte. Gehen Sie dazu mit dem Cursor auf die Symbole im Register *Start/Absatz* (ohne anzuklicken). Im Kontextmenü können Sie die Funktionen ablesen. Natürlich ist auch Ausprobieren erlaubt!

Rahmen

Es kommt immer mal wieder vor, dass einzelne Wörter oder Texte in einen *Rahmen* gesetzt werden sollen. Ist ein Wort markiert, wird nur das Wort umrahmt, steht der Mauszeiger im Absatz, wird der Absatz umrahmt. In der Gruppe *Absatz* finden sie das entsprechende Symbol.

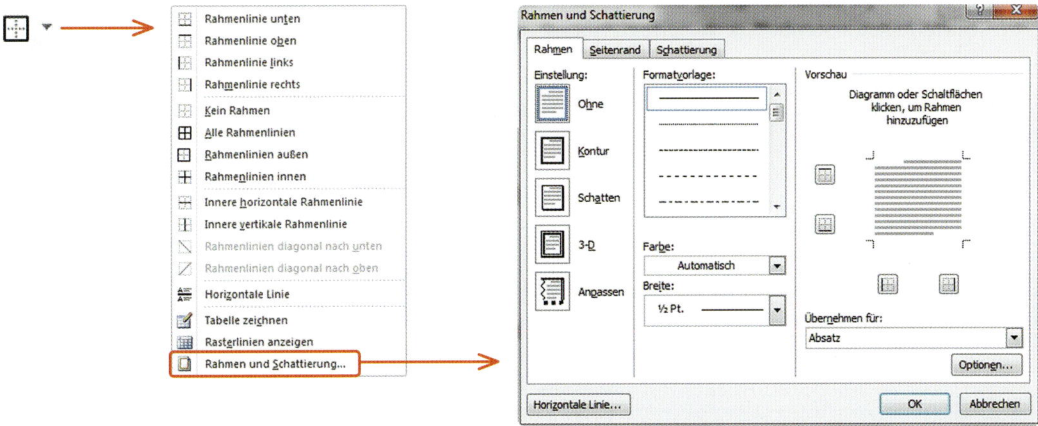

Klicken Sie auf das kleine Dreieck neben dem Rahmensymbol, so öffnet sich ein großes Auswählmenü. Hier kann jeder Strich einzeln gestaltet werden.

Für eine weitere Gestaltung (farblich, Rahmenbreite etc.) wählen Sie die Schaltfläche Rahmen und Schattierung. Stellen Sie den Rahmen nach Ihren Vorstellungen ein und klicken Sie in der Vorschau den entsprechenden Rahmen an. Sie können jede Linie anders gestalten.

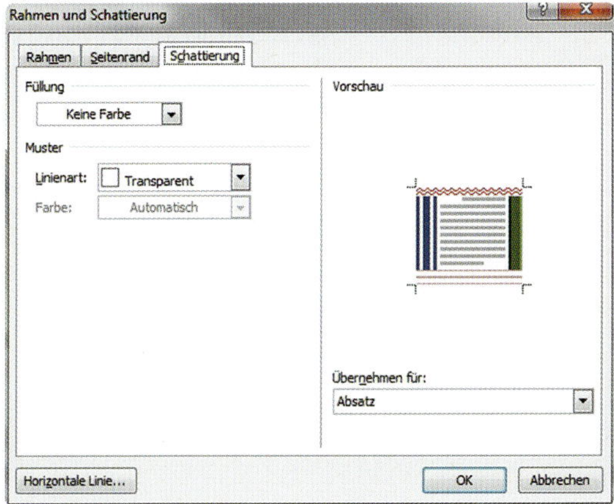

TO DO

Schreiben Sie Ihren Namen. Markieren Sie ihn und rahmen Sie ihn mit vier verschiedenen Liniendesigns und Farben ein.

Beispiel: Lisa Mustermann

Falls der Rahmen zu breit ist, verändern Sie die Einzüge.

Auch der Hintergrund eines Rahmens kann verändert werden. Klicken Sie im Menü *Rahmen und Schattierung* (s. Seite 57) auf die Registerkarte *Schattierung*.
Sie können nun eine Farbe für den Hintergrund auswählen und sogar ein Muster festlegen. Vergessen Sie aber nicht, dass Ihr Text immer gut lesbar sein sollte.

Einstellen von Seitenrahmen

Wollen Sie einen privaten Brief schreiben, können Sie auch die Seitenrahmen einstellen. Bei Geschäftsbriefen sollten Sie auf jeglichen Schnickschnack verzichten.

TO DO

- Register *Seitenlayout/Seitenhintergrund*
- Seitenränder

Seitenränder

Rahmen und Schattierung

Rahmen | Seitenrand | Schattierung

Einstellung: Ohne, Kontur, Schatten, 3-D, Anpassen

Formatvorlage: | Farbe: Automatisch | Breite: ½ Pt. | Effekte: (ohne)

Vorschau: Diagramm oder Schaltflächen klicken, um Rahmen hinzuzufügen

Übernehmen für: Gesamtes Dokument | Optionen...

Horizontale Linie... | OK | Abbrechen

Einstellmöglichkeiten für Seitenränder

Rahmenfarbe

Rahmenbreite

Rahmeneffekte

Vorschau

- Wählen Sie nun unterschiedliche Seitenränder mit verschiedenen Farben und Breiten und vergessen Sie nicht, in das Auswahlkästchen Effekte zu schauen. Unter *Übernehmen für:* können Sie einstellen, für welche Bereiche die Einstellungen gelten sollen.

Seitenformatierung

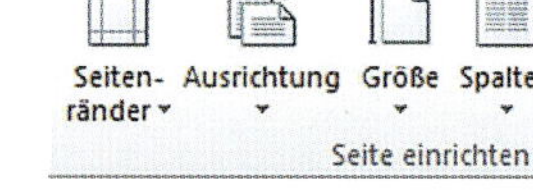

Im Register *Seitenlayout* finden Sie Möglichkeiten, um Ihre Textseiten zu gestalten. Die wichtigsten Funktionen sind in der Gruppe *Seite einrichten* zusammengefasst.

Das Einstellen von Seitenrändern, Blattausrichtung (Hoch- und Querformat) sowie die Einteilung des Dokuments in Spalten sind gängige Anforderungen an Textdokumente.

TO DO

Ergänzen Sie den 1. Teil des Arbeitsblatts *Seiten einrichten* in Word 2010.

Seitenfarben

Mit dem Einstellen von Seitenfarben im Register *Seitenlayout/Seitenhintergrund* sollten Sie – wenn überhaupt – sehr maßvoll umgehen. Beim Drucken wird sonst viel Farbe verbraucht. Günstiger ist es, farbiges druckertaugliches Papier zu kaufen.

Seitenansicht

Vor dem Druck sollten Sie sich unbedingt das gesamte Dokument in der sogenannten *Seitenansicht* angeschaut werden. Oft lassen sich damit ungeschickte Blattaufteilungen, Überschriften am unteren Rand oder ungünstige Abstände entdecken und korrigieren.

Vereinfachen können Sie sich die Nutzung der Seitenansicht, wenn Sie sich das Symbol in den Schnellzugriff legen. Wie auf dem Arbeitsblatt *Textverarbeitung in Microsoft Word 2010* beschrieben, können Sie sich die Schaltfläche individuell zurechtlegen.

TO DO

- Klicken Sie auf das Register *Datei*.
- Klicken Sie auf *Drucken*.
- Sie sehen die Druckvorschau und können mit der Navigationsleiste am unteren Rand weiterblättern.
- Beenden Sie die Druckvorschau mit einem Klick auf ein beliebiges Register, aber **nicht** Beenden!

TO DO

Legen Sie sich die Schaltflächen *Seitenansicht* und *Drucken* in den Schnellzugriff.

Format übertragen

Haben Sie einen Text oder ein Wort mühevoll in mehreren Schritten formatiert, lassen sich diese Schritte meist nicht mehr nachvollziehen. Wollen Sie nun die eingestellten Veränderungen auf andere Texte übertragen, bietet sich der Befehl *Format übertragen* an.

TO DO

- Schreiben Sie die Vornamen Ihrer zehn besten Freunde untereinander auf.
- Formatieren Sie den ersten Namen fett, kursiv, zentriert, unterstrichen, Schriftart Monotype Corsiva, Schriftgröße 14.
- Markieren Sie diesen Namen (Doppelklick).
- Klicken Sie im Register *Start/Zwischenablage* die Schaltfläche Format übertragen .
- Klicken Sie den zweiten Namen an oder überstreichen Sie ihn mit gehaltenem Linksklick.
- Das Format des ersten Namens wurde übernommen, und die Schaltfläche Format übertragen ist nun wieder inaktiv.

So setzen Sie die Schaltfläche *Format übertragen* fest:

- Markieren Sie wieder den ersten Namen.
- Doppelklicken Sie dann auf die Schaltfläche Format übertragen
- Sie können nun jeden weiteren Namen anklicken oder überstreichen und dabei zwischendurch absetzen.
- Deaktivieren Sie den Befehl, indem Sie wieder auf die Schaltfläche klicken.

3.11 Aufzählungen und Nummerierungen

Nummerierungen

Wollen Sie Nummerierungen schon während der Texteingabe einstellen, brauchen Sie nur die erste Ziffer „1." und ein Leerzeichen einzugeben. Word erkennt das und führt nach jedem Enter die Nummerierung weiter. Ist Ihre nummerische Liste vollständig, brauchen Sie nur zweimal die Entertaste zu drücken – und die automatische Nummerierung wird aufgehoben.

Um eine Liste nachträglich zu nummerieren, markieren Sie diese und klicken Sie im Register *Start/Absatz* das Symbol für die Nummerierung an.

Die Nummerierungsliste bietet nicht nur normale Ziffern an. Mit dem kleinen Auswahldreieck am Symbol kommen Sie in ein entsprechendes Auswahlmenü: Buchstaben, römische Zahlen und die Möglichkeit, eigene Nummerierungen zu definieren, erscheinen.

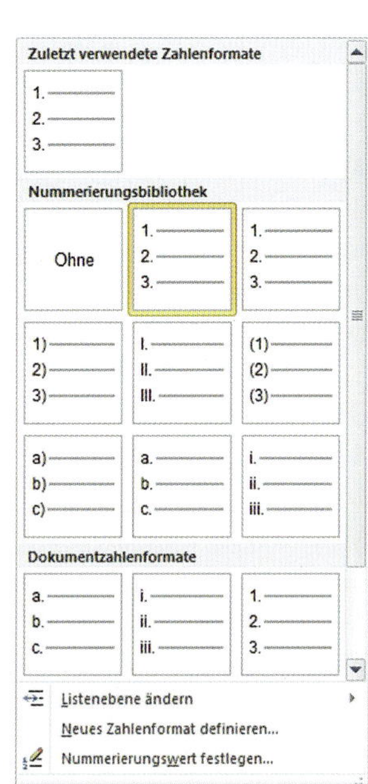

Aufzählungszeichen

Ähnlich verhält es sich bei Listen mit Aufzählungszeichen. Das Symbol finden Sie ebenfalls im Register *Start/Absatz*.

Mit dem Erweiterungsbutton neben dem Symbol erhalten Sie diverse Aufzählungszeichen. Wiederum können Sie auch eigene Aufzählungszeichen definieren und einrichten.

3.12 Kopieren und Verschieben von Texten

Symbole

Texte (und Grafiken) können jederzeit kopiert oder verschoben werden. Am geläufigsten ist sicherlich der Weg über die entsprechenden Symbole.

Tabelle 3.5 Kopieren und Verschieben

Kopieren von Zeichen	*Verschieben von Zeichen*
1. Text markieren	*1. Text markieren*
2. Registerkarte Start/Zwischenablage	*2. Registerkarte Start/Zwischenablage*
3. Kopieren	*3.* Ausschneiden
4. Einfügestelle anklicken	*4. Einfügestelle anklicken*
5. Einfügen	*5.* Einfügen

Tastenkombinationen

Probieren Sie mal statt der Schaltflächen auch die folgenden Tastenkombinationen aus:

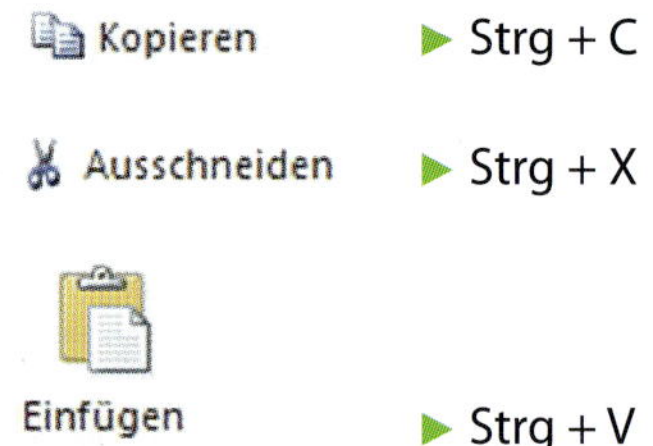

- Kopieren ▶ Strg + C
- Ausschneiden ▶ Strg + X
- Einfügen ▶ Strg + V

Rechtsklick

Auch mit dem *rechten Mausklick* können Sie die beschriebenen Befehle finden. Für das Kopieren und Ausschneiden muss dazu auf die Markierung rechtsgeklickt oder die Taste *Kontextmenü* (siehe Arbeitsblatt *Tastatur*) gedrückt werden. In dem angezeigten Menü kann nun mit der linken Maustaste der entsprechende Befehl ausgewählt werden.

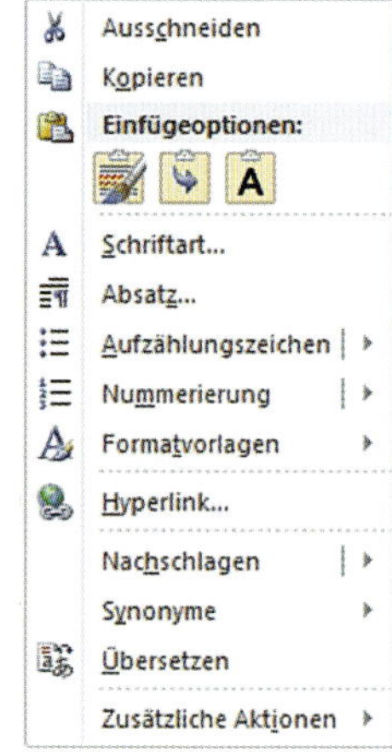

Das Einfügen über das Kontextmenü kann ebenfalls über Rechtsklick oder Kontexttaste erfolgen.

Möchten Sie eine ursprüngliche Formatierung des kopierten Textes beibehalten, wählen Sie die Schaltfläche .

Soll der einzufügende Text an den bestehenden Text angepasst werden, wählen Sie die Schaltfläche .

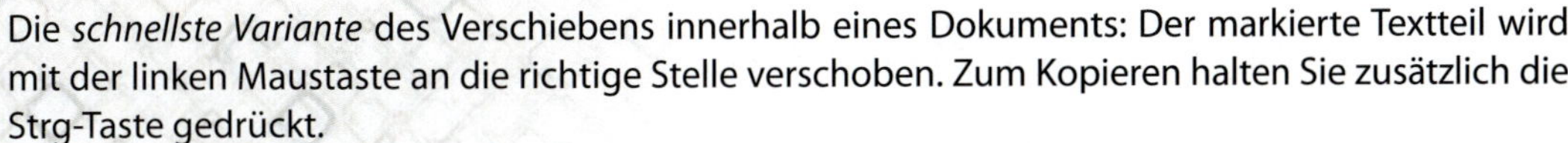
Die *schnellste Variante* des Verschiebens innerhalb eines Dokuments: Der markierte Textteil wird mit der linken Maustaste an die richtige Stelle verschoben. Zum Kopieren halten Sie zusätzlich die Strg-Taste gedrückt.

TO DO

Ergänzen Sie das Arbeitsblatt *Kopieren und Verschieben von Texten*.

3.13 Tabulatoren

Setzen von Tabulatoren und Tabstopps

Mithilfe von Tabulatoren können Texte tabellenartig ausgerichtet werden. Damit ersparen Sie sich viele Leerzeichen und vor allem viel Ärger beim späteren Formatieren.

Die Arbeit mit Tabulatoren erfolgt in zwei Schritten: Es müssen Tabulatorstopps (kurz: Tabstopps) gesetzt werden sowie die eigentlichen Tabulatoren.

TO DO

- Geben Sie untereinander fünf Wünsche ein.
- Schreiben Sie daneben, in wie vielen Jahren Sie sich Ihre Wünsche erfüllt haben möchten.

Beispiel:

Schulabschluss2
Führerschein3
Tauchschein5
eigene Wohnung3
eigene Firma15

- Klicken Sie vor jede Zahl und drücken Sie jeweils *einmal* die Tabulatortaste. Ihr Ergebnis könnte jetzt so aussehen:

Schulabschluss	2
Führerschein	3
Tauchschein	5
eigene Wohnung	3
eigene Firma	15

Word hat die Zahlen bis zu den nächsten voreingestellten Tabstopps verschoben. Diese erkennen Sie im Lineal:

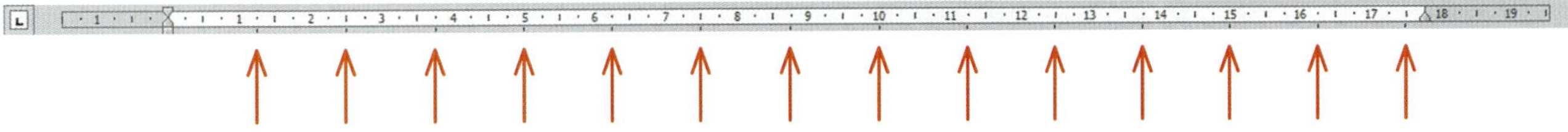

Standardmäßig sind alle 1,25 cm Tabstopps eingestellt.
Selbstverständlich können Sie diese Tabstopppositionen auch selbst einstellen.
Tabstopps werden zeilenweise oder für einen markierten Bereich gesetzt. Das kann direkt im Lineal oder (umständlicher) im Register *Start/Absatz* ▷ Startbutton für Gruppe *Absatz* ▷ Schaltfläche *Tabstopps* erfolgen.

TO DO

- Setzen Sie den Cursor in die erste Zeile Ihrer Wünsche.
- Klicken Sie nun im Lineal auf die Zahl 8. Die Jahresangabe wurde bis zur 8 verschoben.
- Verfahren Sie genauso mit dem zweiten Wunsch.
- Sie können auch Ihr Dokument markieren und die Tabstopps für alle Absätze gleichzeitig setzen.

Schulabschluss	2
Führerschein	3
Tauchschein	5
eigene Wohnung	3
eigene Firma	15

Löschen von Tabstopps

Versehentlich gesetzte Tabstopps lassen sich löschen, indem Sie diese aus dem Lineal (nach unten) herausziehen.

Verschieben von Tabstopps

Tabstopps werden am einfachsten im Lineal verschoben. Auch hier gilt wieder, dass der Tabstopp entweder zeilenweise oder für markierte Absätze verschoben werden kann.

TO DO

- Markieren Sie alle fünf Wünsche und verschieben Sie den Tabstopp auf 5 cm. Sie sehen, dass alle Jahresangaben gleichzeitig verschoben werden.

Arten von Tabstopps

Nicht immer sollen alle Wörter linksbündig untereinander stehen. Manchmal ist es notwendig, alle Kommas untereinander oder Zahlen rechtsbündig auszurichten.

Word bietet vier verschiedene Tabstopparten an. Diese können Sie links im Lineal wählen:

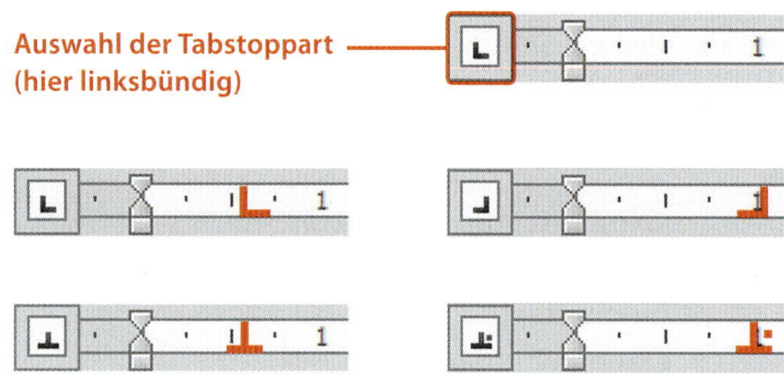

TO DO

- Markieren Sie alle fünf Wünsche und löschen Sie den Tabstopp bei 5 cm.
- Wählen Sie nun den rechtsbündigen Tabstopp und setzen Sie ihn bei 6 cm.

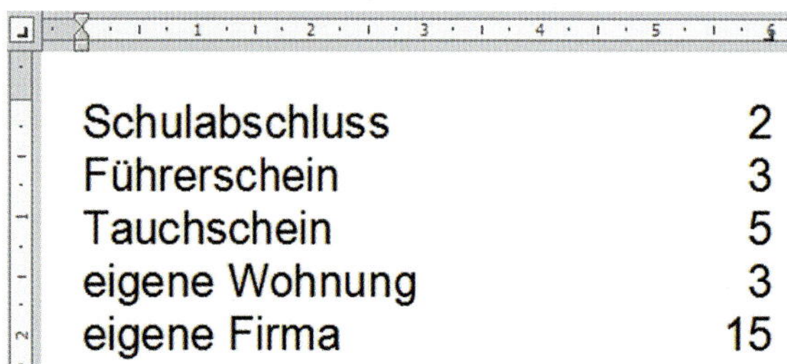

- Probieren Sie jetzt die anderen Tabstopparten aus und ergänzen Sie das entsprechende Arbeitsblatt.

TO DO

- Schreiben Sie den folgenden Brief mit den vorgegebenen Leerzeilen. Achtung: Dieser Brief ist kein professioneller Brief!
- Wählen Sie Schriftart Arial, Größe 12.
- Ränder: links 2,5 cm, rechts 2 cm, oben und unten jeweils 1 cm.
- Zeilenabstand 1,5-zeilig

- Aktivieren Sie den Schalter ¶ .
- 1. Zeile: Wenn Sie „Lisa Müller" geschrieben haben, betätigen Sie nur einmal die Tabulatortaste, um Ort und Datum zu schreiben. Welcher Tabulatorstopp bietet sich an?
- Speichern Sie die Übung unter *Vorstellung* ab.

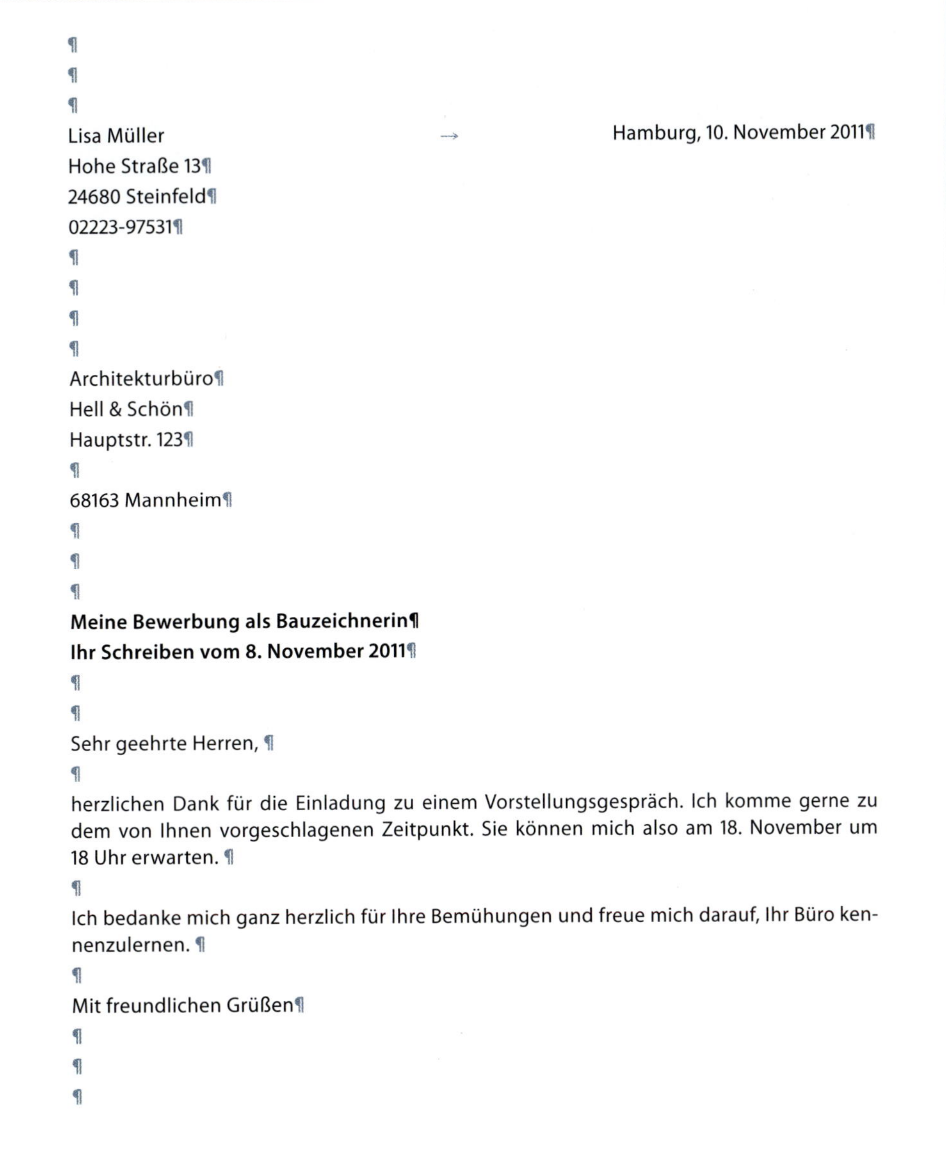
¶
¶
¶
Lisa Müller → Hamburg, 10. November 2011¶
Hohe Straße 13¶
24680 Steinfeld¶
02223-97531¶
¶
¶
¶
¶
Architekturbüro¶
Hell & Schön¶
Hauptstr. 123¶
¶
68163 Mannheim¶
¶
¶
¶
Meine Bewerbung als Bauzeichnerin¶
Ihr Schreiben vom 8. November 2011¶
¶
¶
Sehr geehrte Herren, ¶
¶
herzlichen Dank für die Einladung zu einem Vorstellungsgespräch. Ich komme gerne zu dem von Ihnen vorgeschlagenen Zeitpunkt. Sie können mich also am 18. November um 18 Uhr erwarten. ¶
¶
Ich bedanke mich ganz herzlich für Ihre Bemühungen und freue mich darauf, Ihr Büro kennenzulernen. ¶
¶
Mit freundlichen Grüßen¶
¶
¶
¶

3.14 Formeln und Sonderzeichen

Nicht alle gewünschten Zeichen lassen sich mit Hilfe der Tastatur erzeugen. Mathematische Formeln oder einfache Symbole, aber auch die Schriftzeichen anderer Sprachen können trotzdem als normaler Text in ein Dokument eingefügt werden.
Verwenden Sie dazu das Register *Einfügen/Symbole* π Ω Formel Symbol

Symbole

Klicken Sie auf das Symbol Ω, haben Sie im folgenden Fenster die Möglichkeit, unterschiedlichste Symbole in Ihr Dokument einzufügen. Der Inhalt der Symbole erstreckt sich von Zahlen und Buchstaben bis hin zu Schriftzeichen, Pfeilen und Minizeichnungen (ClipArts).

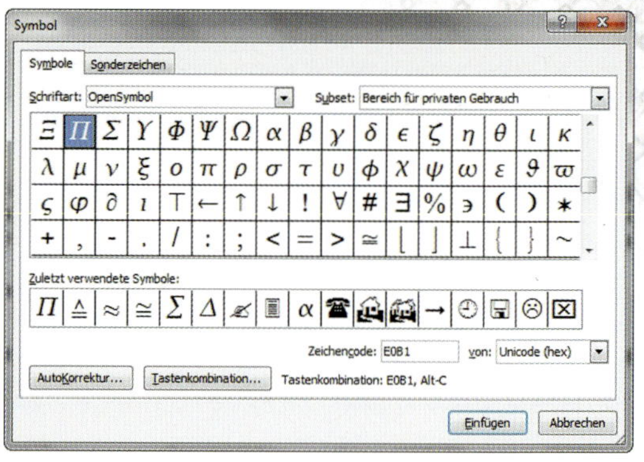

Formeln

Wenn Sie das Symbol *Formeln* π wählen, wird das Register *Formeltools* angezeigt. Dieses bietet eine Vielzahl an Möglichkeiten, Formeln einzugeben.

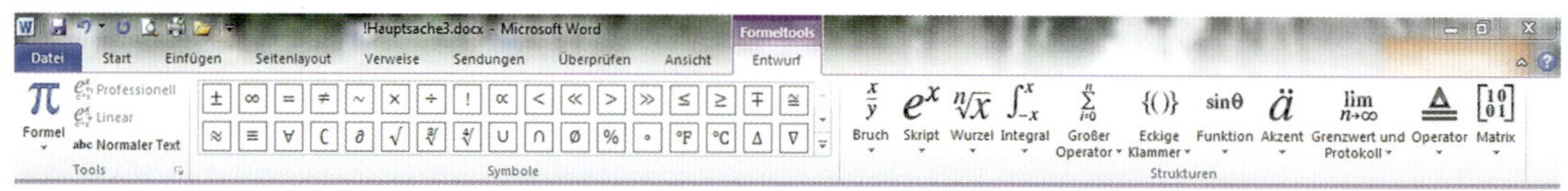

Abb. 3.37

TO DO

- Schreiben Sie entlang der folgenden Anleitung die Formel zur Berechnung des Flächeninhalts eines Kreises.

  $A_{Kreis} = \frac{\pi}{2} d^2$

- Register *Einfügen/Symbole*
- Symbol *Formel* anklicken
- Register *Formeltools* wird automatisch geöffnet.
- Gruppe *Strukturen*
- Symbol *Skript* e^x Skript
- 1. Reihe, 2. Symbol wählen

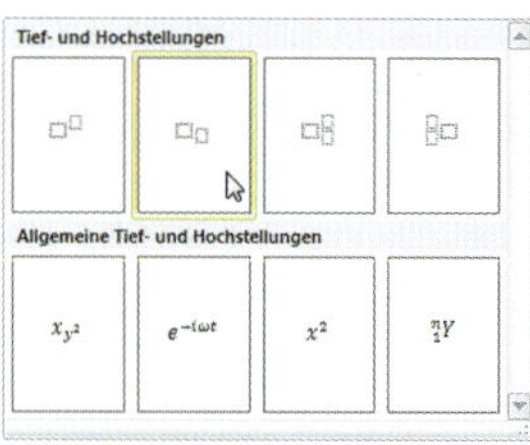

- Erstes Rechteck anklicken ▷ A
- Zweites Rechteck anklicken ▷ Kreis A_{Kreis}
- Rechts neben Kreis anklicken ▷ Cursor blinkt
- Auf der Tastatur Gleichstriche wählen $A_{Kreis} =$
- Gruppe *Strukturen*
- Symbol *Bruch* $\frac{x}{y}$ Bruch
- 1. Reihe, 1. Symbol wählen

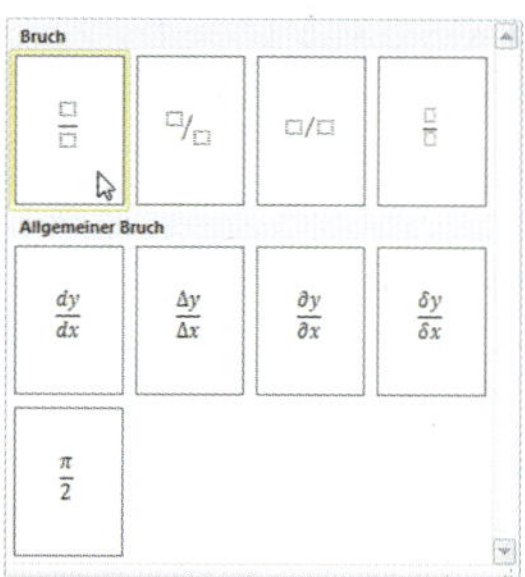

- Zähler anklicken
- Register *Formeltools/Symbole*
- 4. Reihe, 6. Symbol

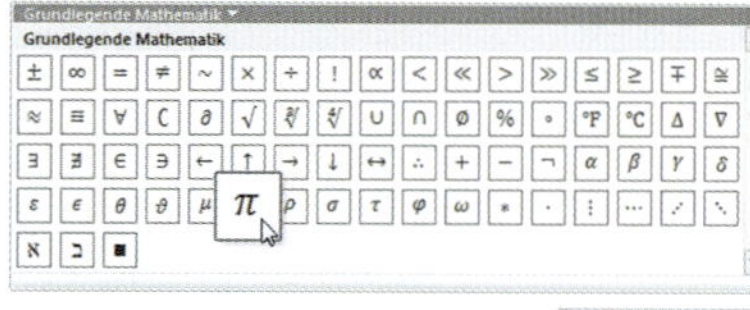

- Nenner anklicken ▷ 4 $A_{Kreis} = \frac{\pi}{4}$
- Rechts neben dem Bruchstrich anklicken
- Gruppe *Strukturen*
- Symbol *Skript* e^x Skript
- 1. Reihe, 1. Zeichen wählen

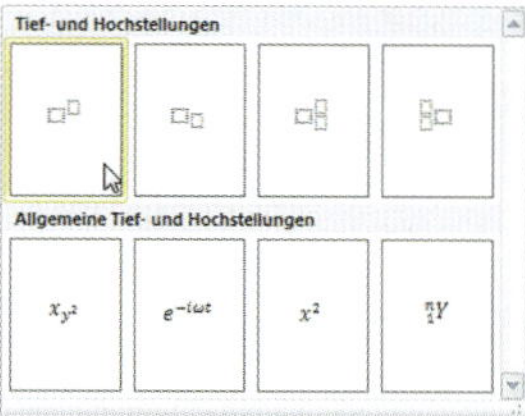

- Erstes Rechteck anklicken ▷ d
- Exponent anklicken ▷ 2 $A_{Kreis} = \frac{\pi}{4} d^2$
- Außerhalb der Formel anklicken

$$A_{Kreis} = \frac{\pi}{4} d^2$$

3.15 Einfügen von Bildern und Grafiken

Um einen Text ansprechend zu gestalten, können Sie auch Grafiken verwenden: von einfachen Zeichnungen wie Rechtecken und Pfeilen bis hin zu fertigen Bildern aus anderen Dateien.

Die entsprechenden Befehle finden Sie im Register *Einfügen/Illustrationen.*

Grafik einfügen

Mit dem Befehl Grafik können sie abgespeicherte Bilder in Ihr Dokument einfügen. Dazu müssen Sie natürlich wissen, in welches Verzeichnis Sie die Bilder gelegt haben. Nach dem Einfügen gibt es wiederum eine Vielzahl an Gestaltungsmöglichkeiten.

TO DO

Hinweis: Für die Bearbeitung der folgenden Aufgabenstellungen benötigen Sie das Arbeitsblatt *Einfügen von Zeichnungen und Grafiken*.

- Fügen Sie in ein leeres Dokument die Grafik *Schmetterling.jpg* ein.
- Verschieben Sie die Grafik in die Mitte Ihres Dokuments.
- Schneiden Sie nun den Schmetterling weg.
- Stellen Sie als senkrechte Größe 4,5 cm ein.
- Drehen Sie das Bild ein wenig, so dass es aussieht, als liefe der Junge bergauf.
- Suchen Sie nun in den ClipArts den Begriff *Geldscheine.*
- Fügen Sie ein passendes Bild ein und platzieren Sie es so, als könnten die Geldscheine mit dem Kescher eingefangen werden. Passen Sie die Größen an.
- Speichern Sie die Datei unter *Dreamcatcher* ab.

Formen einfügen

Hinter dem Befehl *Formen* verstecken sich einfache geometrische Figuren.

Die gewählten Figuren können beliebig platziert und in Größe, Farbe und Form verändert werden. Verwenden Sie dazu das Register *Zeichentools – Format.*

Mit einem Rechtsklick auf eine Figur können Sie diese auch mit Text versehen.

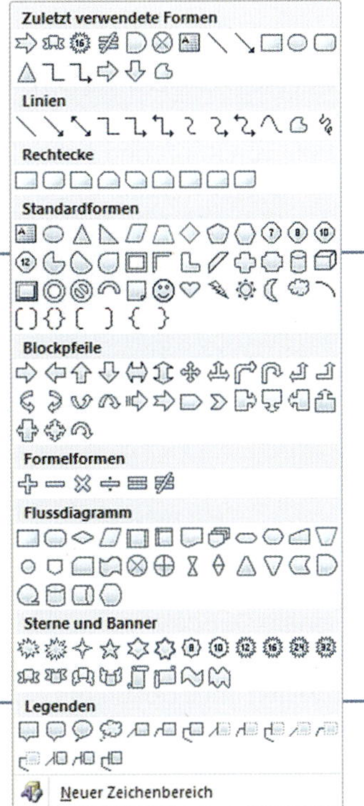

TO DO

- Wählen Sie aus dem Bereich Sterne und Banner in der 2. Reihe das 1. Zeichen „Band nach oben".
- Färben Sie das Band ein.
- Rechtsklicken Sie das Band und wählen Sie *Text hinzufügen.*
- Schreiben Sie das Wort *Urkunde* auf das Band.

3.16 Einfügen von Textfeldern und WordArt

Um einfache Texte beliebig zu platzieren, müssen Sie sogenannte Textfelder erstellen. Der enthaltene Text sowie das Textfeld an sich lassen sich frei gestalten.

Mit *WordArt* können Sie Texte künstlerisch anlegen. Unter dem Symbol *WordArt* lässt sich zunächst eine Vorauswahl für das Design treffen. Nach der Texteingabe bieten sich im Register *Zeichentools – Format* vielfältige Gestaltungsmöglichkeiten.

Beide Funktionen finden Sie im Register *Einfügen/Gruppe Text*

TO DO

Hinweis: Für die Bearbeitung der folgenden Aufgabenstellungen benötigen Sie das Arbeitsblatt *Einfügen von Zeichnungen und Grafiken.*

- Öffnen Sie das von Ihnen gespeicherte Dokument *Dreamcatcher*.
- Erstellen Sie neben der Grafik ein Textfeld.
- Schreiben Sie in das Textfeld hinein: „Wenn alles nur so einfach wäre …"
- Entfernen Sie den Rahmen und gestalten Sie den Textfeldhintergrund farbig.
- Gestalten Sie mit WordArt eine Überschrift.

TO DO

- Entwerfen Sie einen Briefkopf mit einem Logo für die Firma *Gesund und Fit*. Als Inhaber wählen Sie Ihren Namen und Ihre Adresse.
- Speichern Sie die Übung unter *Logo* ab.

3.17 Kopf- und Fußzeile

Mit Hilfe von Kopf- und Fußzeilen können über Seiten hinweg sowohl oben als auch unten feste „Texte" gesetzt werden. Diese „Texte" können Verweise, Seitenzahlen, Sonderzeichen, Grafiken, Tabellen oder „echte" Texte sein und lassen sich formatieren wie alle anderen Texte auch.

Was sollte in die Kopf- bzw. Fußzeile?

Kopfzeile: Briefkopf mit Logo, bei längeren Dokumenten eventuell die Bemerkung „Seite … von … Seiten"

Fußzeile: Angaben über Firmenleitung, Register der IHK, Bankverbindungen, Seitenzahl, wenn ein mehrseitiger Brief geschrieben wird, Dateinamen mit Pfadangabe und eventuell mit Erstelldatum

Mit einem Doppelklick an den oberen oder unteren Seitenrand gelangen Sie in die Kopf- bzw. Fußzeile. Der laufende Text ist nun grau, aber noch lesbar. Die Inhalte, die sie eingeben, werden auf allen Seiten Ihres Dokuments erscheinen.

Mit einem Klick in das Blatt verlassen Sie wieder die Kopf- bzw. Fußzeile.

3.18 Geschäftsbriefe

Zur Erstellung von Geschäftsbriefen gibt es die DIN 5008 – eine Empfehlung, um Briefe möglichst lesefreundlich und zweckmäßig zu gestalten. Sie gehört zu den grundlegenden Normen für Arbeiten im Büro- und Verwaltungsbereich.
Die Erstausgabe der DIN 5008 erfolgte bereits im April 1949.

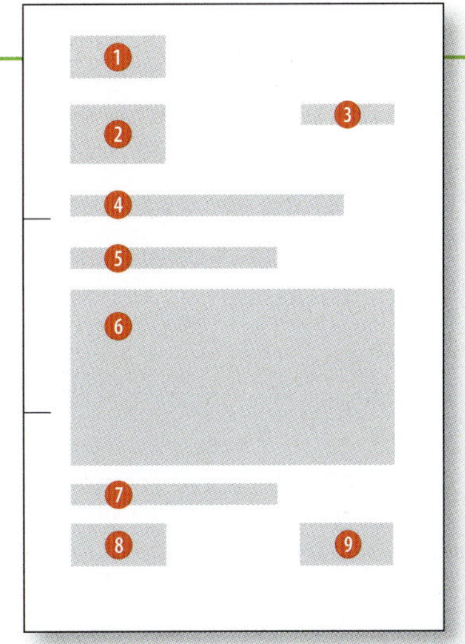

Abb. 3.4 Aufbau Geschäftsbrief

Gestaltungshinweise

Gestaltungshinweise:
- alles linksbündig
- keine Hervorhebung (außer Betreff)
- alles gleiche Schriftart (z. B. Arial)
- alles gleiche Schriftgröße (11 oder 12)
- alles schwarz
- Faltung in drei gleich große Teile

Briefaufbau

Tabelle 3.6: Einige Erläuterungen zum Briefaufbau

Nr.	DIN 5008	Beispiel
1	Angabe des Absenders • Name, Vorname • Straße Hausnummer • Postleitzahl Ort • evtl. Telefonnummer, E-Mail- Adresse	*Uhrmeier, Uwe* *Zeigerallee 17a* *08151 Glückauf* *Tel.: 0465 873524*
2	Angabe des Empfängers • Empfänger – Einrichtung • Empfänger – Person • Straße Hausnummer • Postleitzahl Ort	*Versicherungs-GmbH* *Frau Meier* *Kunststraße 19* *56834 Pechstadt*
3	Datum • 30.09.20… • 20…-09-30 • immer: gleichbleibend im Brief	*30.09.20… oder* *30. September 20… oder* *30. Sept. 20…*
4	Betreffzeile • konkretes Anliegen des Briefes • ein Stichpunkt • eine kurze Wortgruppe • fettgedruckt • Nicht Betreff: oder Betr.: schreiben!	*Kündigung – Vers.-Nr.: P.12/17/4*
5	Anrede • förmlich • höflich • Komma nach der Anrede	*Sehr geehrte Damen und Herren,* *Sehr geehrte Frau Meier,*
6	Text • möglichst kurz • ohne Füllwörter • ohne unübliche Fremdwörter • höflich, sachlich, objektiv	*zum 30.09.20… kündige ich fristgemäß oben genannte Versicherung. Ich bitte Sie um eine schriftliche Bestätigung.*
7	Grußformel • förmlich, höflich • nicht MfG • kein Satzzeichen	*Mit freundlichen Grüßen*
8	Unterschrift • handschriftlich • möglichst blau	entweder: Uhrmeier oder: Uhrmeier *Uhrmeier*
9	Anlagen • nur, wenn nötig • unter die Unterschrift oder rechts daneben	*Anlage: Kopie Versicherungsschein*

TO DO

- Erstellen Sie den folgenden Geschäftsbrief der Firma Basic GmbH & Co.
- Das Logo können Sie selber gestalten.

Basic GmbH & Co.
Bergstr. 16
01277 Dresden

Herrn
Gustav Grau
Wismarer Str. 21
70178 Stuttgart

Dresden, 19.03.2011

Wir begrüßen Sie als Neukunden

Sehr geehrter Herr Grau,

wir freuen uns, Sie als Neukunden begrüßen zu dürfen.
Bitte wenden Sie sich jederzeit mit Ihren Problemen und Wünschen unter der Kundennummer BS-54-34-76 D an uns.

Besuchen Sie uns auch im Internet unter www.basicgmh.com.

Mit freundlichen Grüßen

Servicemitarbeiter

Basic GmbH & Co.
Bergstr. 16
01277 Dresden
Tel. 0351/5368496
Fax 0351/54932728
Email basic@post.de
internet www.basicgmh.com

Bankverbindung
Deinebank Frohnau
Kto-Nr. 7639876
BLZ 20020020

- Speichern Sie die Übung unter dem Dateinamen *Neukunde* ab.

3.19 Serienbriefe

Serienbriefe erstellen Sie, wenn Sie mehrere Dokumente schreiben möchten, die inhaltlich im Wesentlichen gleich sind, zum Beispiel Einladungen und Werbebriefe.

Gearbeitet wird mit zwei Dateien: einem Hauptdokument und einer Datenquelle. Im Hauptdokument wird der eigentliche Brief formuliert. Er enthält beispielsweise den Absender und den Teil des Briefes, den alle Empfänger erhalten sollen. In der Datenquelle stehen tabellarisch die auszuwechselnden Informationen als Datensätze (z. B. Adresse, Liefertermin). Diese beiden Dateien sind über die Seriendruckfelder miteinander „verbunden".

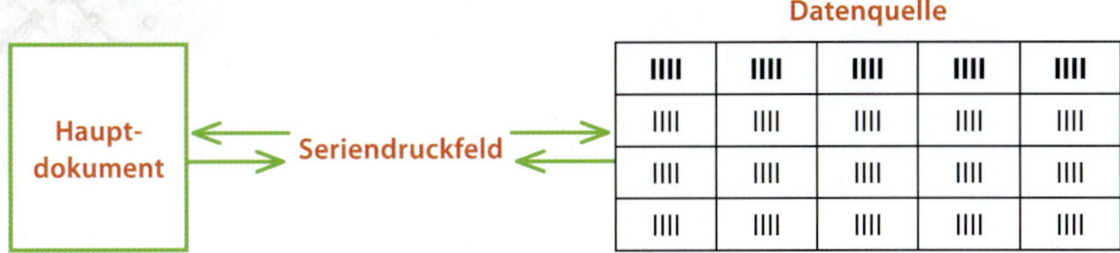

Abb. 3.5 Hauptdokument und Datenquelle

Werden das Hauptdokument und die Datenquelle zusammengeführt, entstehen die Serienbriefe als 3. Datei.

Die folgende Abbildung zeigt die Zusammenführung von Hauptdokument und Datenquelle in der Serienbrieffunktion.

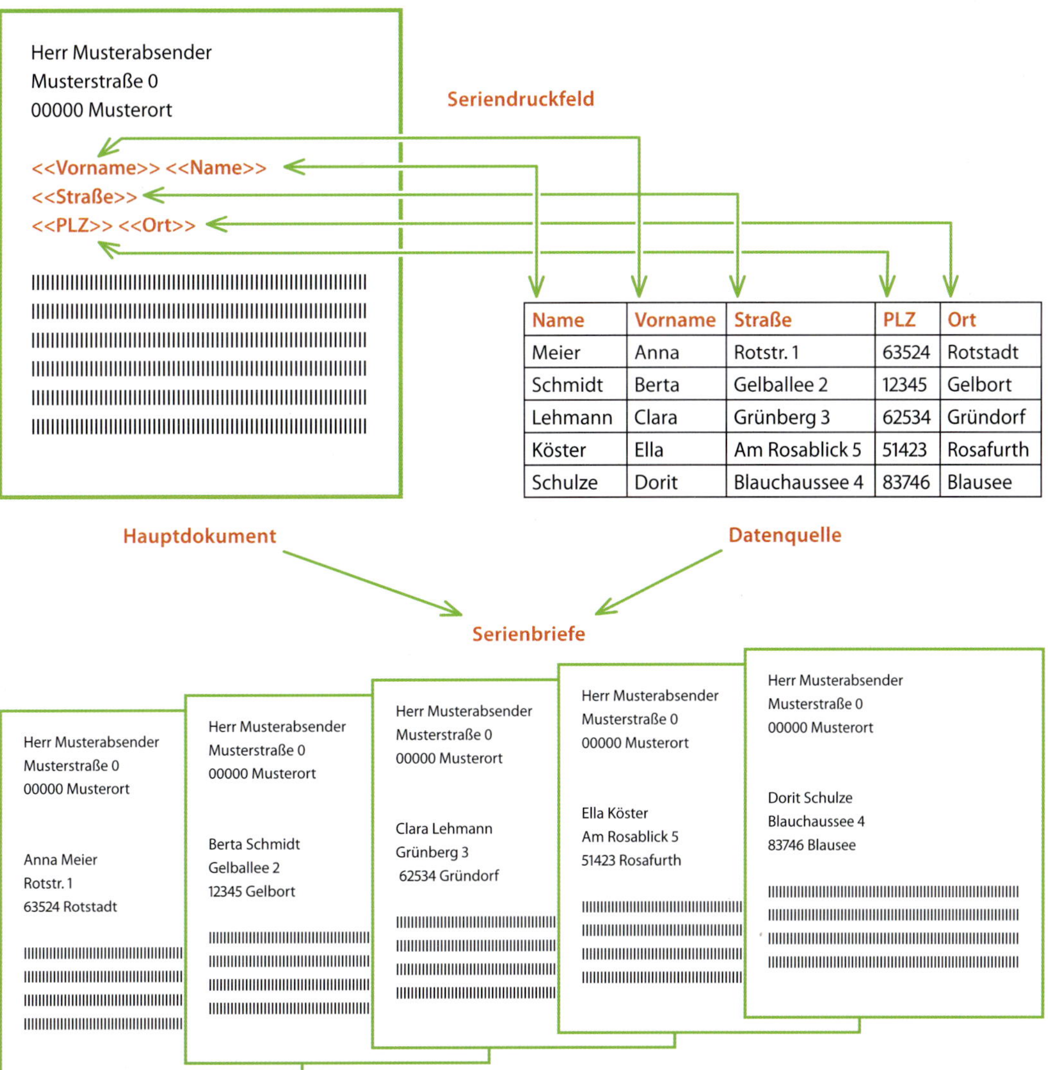

Name	Vorname	Straße	PLZ	Ort
Meier	Anna	Rotstr. 1	63524	Rotstadt
Schmidt	Berta	Gelballee 2	12345	Gelbort
Lehmann	Clara	Grünberg 3	62534	Gründorf
Köster	Ella	Am Rosablick 5	51423	Rosafurth
Schulze	Dorit	Blauchaussee 4	83746	Blausee

Abb. 3.6 Dateien eines Serienbriefes

Erstellung Am Anfang ist der Umgang mit den drei Dateien ungewohnt und daher kompliziert. Deshalb soll an dieser Stelle nur eine Möglichkeit, Serienbriefe zu erstellen, beschrieben werden. Dabei wird davon ausgegangen, dass weder Brief noch Datensätze als Dateien existieren.

TO DO

Hinweis: Eine Zusammenfassung der einzelnen Arbeitsschritte finden Sie auf dem Arbeitsblatt *Erstellung von Serienbriefen*.

Menüband Sendungen

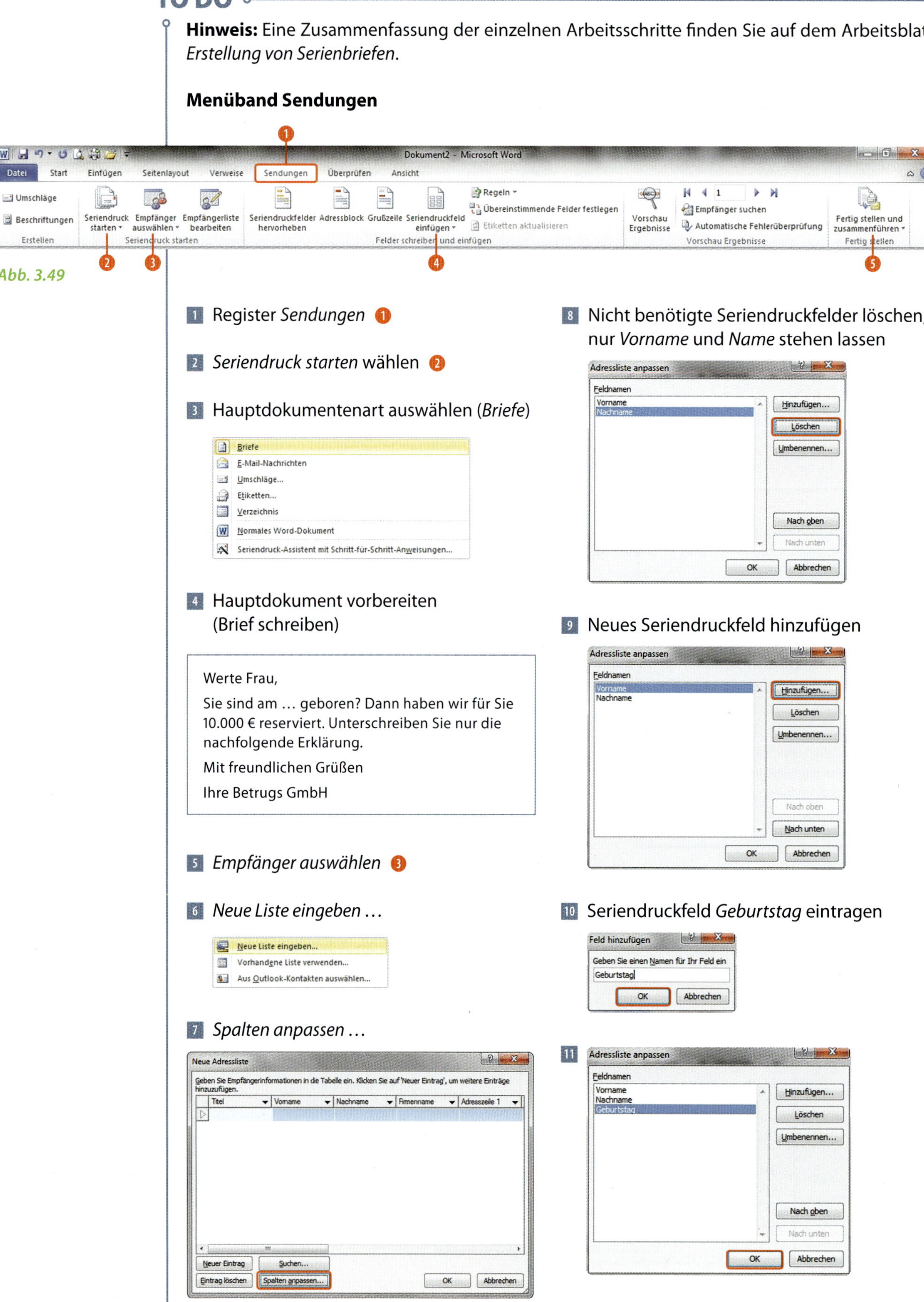

Abb. 3.49

1. Register *Sendungen* ❶
2. *Seriendruck starten* wählen ❷
3. Hauptdokumentenart auswählen (*Briefe*)

4. Hauptdokument vorbereiten (Brief schreiben)

> Werte Frau,
>
> Sie sind am … geboren? Dann haben wir für Sie 10.000 € reserviert. Unterschreiben Sie nur die nachfolgende Erklärung.
>
> Mit freundlichen Grüßen
>
> Ihre Betrugs GmbH

5. *Empfänger auswählen* ❸
6. *Neue Liste eingeben …*

7. *Spalten anpassen …*

8. Nicht benötigte Seriendruckfelder löschen, nur *Vorname* und *Name* stehen lassen

9. Neues Seriendruckfeld hinzufügen

10. Seriendruckfeld *Geburtstag* eintragen

11.

12 Ersten beliebigen Datensatz in Datenmaske eingeben

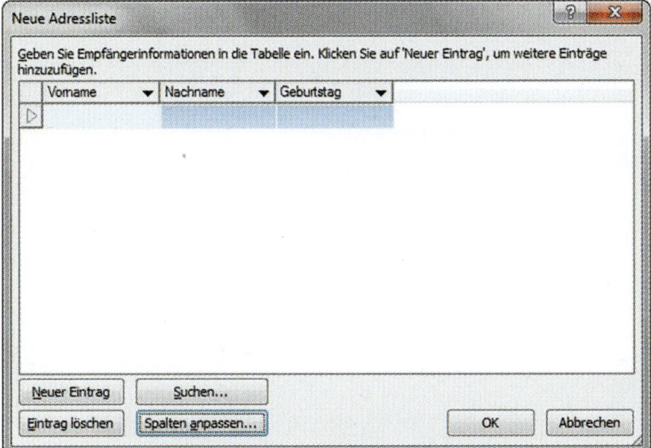

13 Neue Datensätze anlegen mit der Schaltfläche

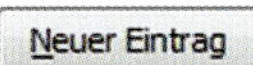

14 Schaltfläche OK

15 Speichern der Datenquelle im richtigen Verzeichnis unter *Betrug.*

16 Klicken Sie in dem Brief direkt hinter das Wort *Frau* (also vor das Komma!) und wählen Sie *Seriendruckfeld einfügen.* 4

17

oder

18 Verfahren Sie mit den anderen beiden Seriendruckfeldern (Nachname, Geburtstag) ebenso.

19 Lassen Sie sich die Serienbriefe in der Vorschau anzeigen.

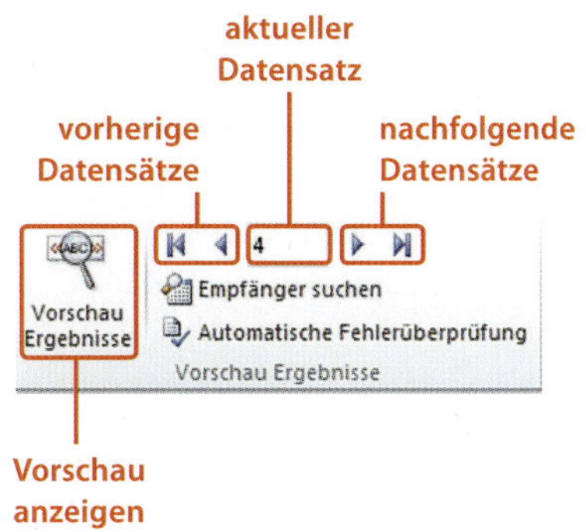

20 Kontrollieren Sie, ob alle Leerzeichen gesetzt wurden.

21 Speichern Sie das Hauptdokument unter *Betrug.*

22 Serienbriefe anzeigen oder drucken lassen. 5

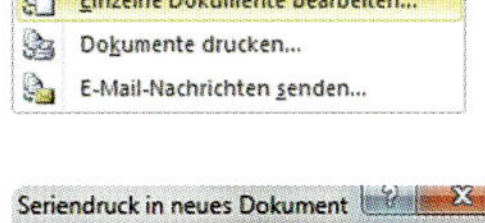

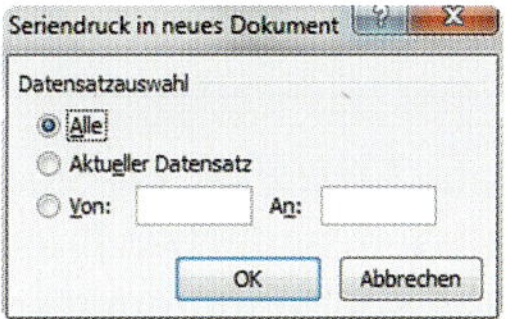

- Sie können sich jetzt jeden Brief einzeln innerhalb einer Datei anzeigen lassen. Diese Datei wird meist nicht gespeichert.
- Auch zum Drucken können Sie gezielt Dokumente auswählen.

Haben Sie sich darüber gewundert, dass Sie zwei Dateien unter dem gleichen Namen abspeichern sollten? Die Erklärung ist einfach. Beim Speichern des Briefs wird an den Dateinamen *Betrug* automatisch die Dateiendung docx gehängt. Die Datensätze werden hingegen als Accessdatei abgelegt und erhalten somit die Dateiendung mbd. So erhalten wir zum einen die Datei *Betrug.docx* (Hauptdokument) und zum anderen die Datei *Betrug.mbd* (Datenquelle) – zwei Dateien mit dem gleichen „Vornamen", aber unterschiedlichen „Nachnamen".

Bearbeitung von Serienbriefen

Im Hauptdokument können Sie jederzeit Korrekturen durchführen. Beachten Sie aber, dass sich Veränderungen in diesem Dokument auf alle Briefe auswirken.

Wollen Sie weitere Datensätze oder Seriendruckfelder anlegen, müssen Sie zunächst in die Datenquelle wechseln. Dazu klicken Sie in der Gruppe *Seriendruck starten* die Schaltfläche *Empfängerliste bearbeiten* an.
Wählen Sie die Datenquelle *Betrug.mbd* aus und klicken Sie auf *Bearbeiten…*
Das nun folgende Fenster ist Ihnen aus der Serienbrieferstellung bekannt (s. Punkt 12).

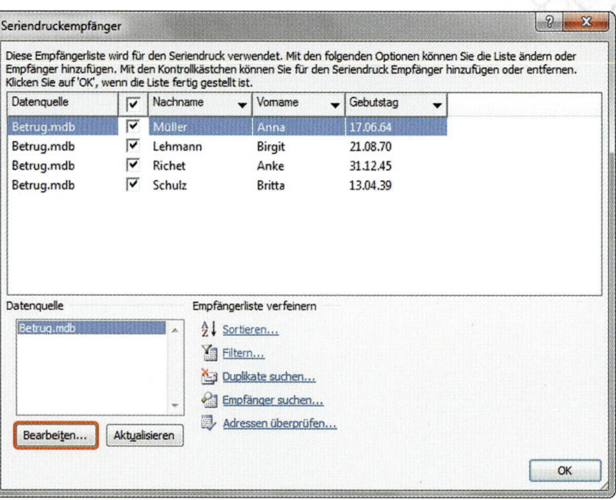

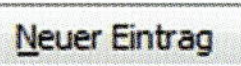

Neuer Datensatz kann angelegt werden.

Eintrag löschen

Markierter Datensatz wird gelöscht.

Spalten anpassen…

Seriendruckfelder können neu angelegt oder gelöscht werden.

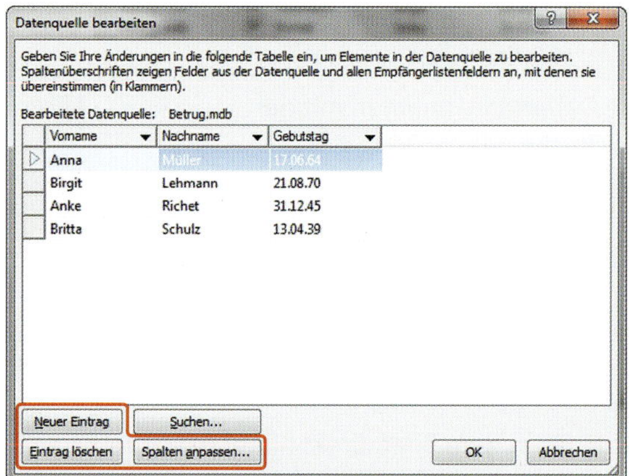

TO DO

- Öffnen Sie die Datei *Neukunde*, die Sie selbst erstellt haben.
- Machen Sie aus diesem einfachen Brief einen Serienbrief.
- Name, Adresse und Kundennummer sollen individuell angepasst werden.
- Legen Sie dazu folgende Adressliste an:

Anrede	Vorname	Name	Straße	PLZ	Ort	Kundennummer
Herr	Otto	Schnell	Kunzstr. 21	50226	Frechen	BS-54-34-02 D
Frau	Isolde	Frisch	Kamezerstr. 35	52072	Aachen	BS-44-34-00 Z
Frau	Kira	Frei	Promenade 5	96049	Bamberg	BS-34-76-35 D
Frau	Anna	Fröhlich	Mittelweg 8	45968	Gladbeck	BS-55-39-76 A
Herr	Frank	Meier	Liststr. 3	34123	Kassel	BS-38-14-70 U
Frau	Romy	Müller	Winterbergstr. 45	49377	Vechta	BS-28-75-46 R

3.20 Tabellen in Word

Manchmal bietet es sich an, Informationen in Tabellenform darzustellen. In Word sind Berechnungen zwar möglich, aber doch sehr umständlich. Nach wie vor empfiehlt sich für Berechnungen das Programm Excel.

Einfügen von Tabellen

Im Register *Einfügen – Gruppe Tabellen* befindet sich nur ein Symbol: Tabelle

Das folgende Pull-down-Menü bietet zwei einfache Möglichkeiten, Tabellen einzufügen.
▶ Sie können mit der Maus direkt auf die entsprechende Anzahl von Zeilen und Spalten zeigen

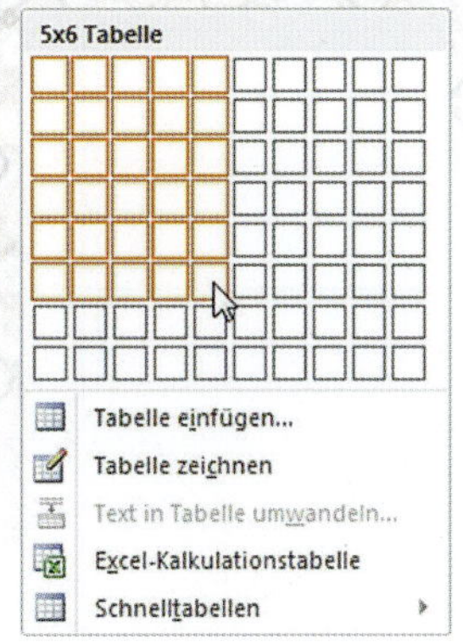

oder
▶ Befehl Tabelle einfügen...
und Anzahl manuell eintragen.

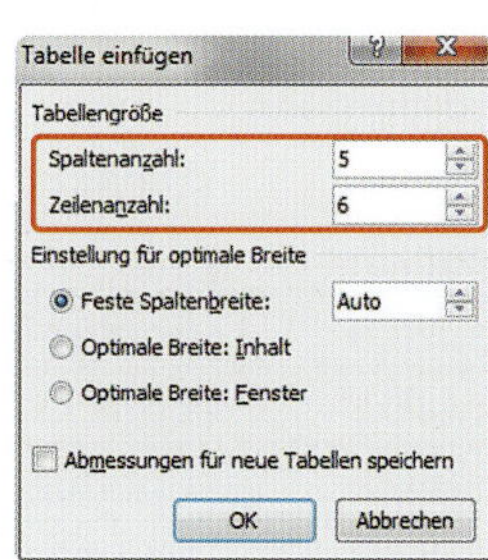

Löschen von Tabellen, Zeilen und Spalten

Setzen Sie den Cursor in eine beliebige Zelle der zu löschenden Zeile oder Spalte. Alternativ können Sie auch die Zelle, Zeile oder Spalte markieren. Im Register *Tabellentools – Layout/Zeilen* und Spalten finden Sie das Löschsymbol.

Das Pull-down-Menü zeigt Ihnen nun die entsprechenden Löschvarianten.

Zellen löschen...
Spalten löschen
Zeilen löschen
Tabelle löschen

Abb. 3.65

TO DO

- Erstellen Sie eine Tabelle mit 5 Spalten und 9 Zeilen.
- Schreiben Sie in die erste Zeile die fünf Wochentage.
- Ergänzen Sie nun Ihren Stundenplan.
- Speichern Sie die Datei unter *Stundenplan* ab.

Montag	Dienstag	Mittwoch	Donnerstag	Freitag
Deutsch		Mathe		Musik
Deutsch	Englisch	Kunst	Deutsch	Biologie
Physik	Ethik	Kunst	Chemie	Deutsch
Englisch	Chemie	Geografie	Geografie	Mathe
Mathe	Sport	Englisch	Mathe	Ethik
Geografie	Sport	Mathe	Geschichte	Informatik
				Informatik

Tabelle 3.11

Zeilenbreite und -höhe verändern

Die vorgegebenen Maße von Zeilen und Spalten lassen sich verändern. Am einfachsten ist es, wenn Sie mit dem Cursor auf eine Zeilen- oder Spaltenbegrenzung gehen. Der Cursor verändert sich. ÷ ⇹

Mit geklickter Maustaste kann die Größe nun in Pfeilrichtung verändert werden.

Millimetergenaue Einstellungen können Sie im Register *Tabellentools – Layout/ Zellengröße* vornehmen. Für einzelne oder auch mehrere markierte Zeilen und Spalten können genaue Maße eingegeben werden.

Zudem können Sie hier Zeilen bzw. Spalten gleichmäßig verteilen – mit einem Klick.

Hinweis: Das Register *Tabellentools* wird nur angezeigt, wenn Ihr Cursor in die Tabelle gesetzt wurde.

Die Möglichkeit, Ihre Tabelle zu erweitern, finden sie wieder im Register *Tabellentools – Layout/Zeilen und Spalten.*

TO DO

- Fügen Sie in Ihren Stundenplan rechts eine weitere Spalte ein.
- Schreiben Sie als Spaltenüberschrift Wochenende.
- Fügen Sie in Ihren Stundenplan oben eine weitere Zeile ein.
- Schreiben Sie in die erste Zelle das Wort Stundenplan.

Stundenplan					
Montag	Dienstag	Mittwoch	Donnerstag	Freitag	Wochenende
Deutsch		Mathe		Musik	
Deutsch	Englisch	Kunst	Deutsch	Biologie	
Physik	Ethik	Kunst	Chemie	Deutsch	
Englisch	Chemie	Geografie	Geografie	Mathe	
Mathe	Sport	Englisch	Mathe	Ethik	
Geografie	Sport	Mathe	Geschichte	Informatik	
				Informatik	

- Speichern Sie die Datei mit dem Speichersymbol in der Symbolleiste Schnellzugriff.

Zellen hinzufügen und zusammenführen

Die erzeugte Tabelle lässt sich individuell anpassen.

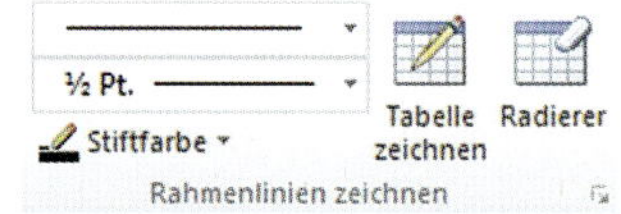

Im Register *Tabellentools – Entwurf/Rahmenlinien zeichnen* finden Sie entsprechende Symbole.

Wollen Sie die Tabellenstruktur teilweise auflösen, können Sie einzelne Zellen zusammenführen, indem Sie die Zwischenstriche einfach „wegradieren". Mit dem „Radiergummi" können Sie zielgerichtet Zeilen- und Spaltenlinien durch Anklicken löschen.

Wollen Sie Zellen teilen, müssen in diese die neuen Begrenzungen eingezeichnet werden. Das können Sie mit Hilfe der Schaltfläche *Tabelle zeichnen*.

TO DO

- Zentrieren Sie das Wort Stundenplan.
- Löschen Sie nun die Zellen so, dass die Überschrift über den Wochentagen steht
- Das Wochenende soll sich über zwei Spalten verteilen.

Stundenplan						
Montag	Dienstag	Mittwoch	Donnerstag	Freitag	Wochenende	
Deutsch		Mathe		Musik		
Deutsch	Englisch	Kunst	Deutsch	Biologie		
Physik	Ethik	Kunst	Chemie	Deutsch		
Englisch	Chemie	Geografie	Geografie	Mathe		
Mathe	Sport	Englisch	Mathe	Ethik		
Geografie	Sport	Mathe	Geschichte	Informatik		
				Informatik		

Rahmenlinien verändern

Sie können alle Rahmenlinien einer Tabelle in Art, Stärke und Farbe verändern. Allerdings empfiehlt es sich, bei der Veränderung sämtlicher Rahmenlinien anders vorzugehen, als wenn man nur einzelne Striche verändern möchte.

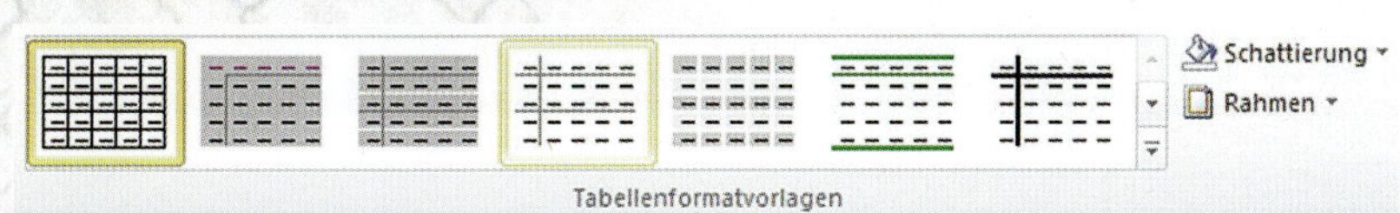

Für eine schnelle Veränderung des Layouts von Tabellen lohnt es sich, in die Tabellenvorlagen zu schauen. Etwa fünfzig Vorlagen finden Sie in dem Register *Tabellentools – Entwurf/Tabellenformatvorlagen*. Gehen Sie mit dem Cursor über die Formatvorlagen. Die Vorschau zeigt Ihnen die Veränderungen Ihrer Tabelle an. Haben Sie sich entschieden, klicken Sie die entsprechende Vorlage an.

Falls Sie jedoch zusätzliche Wünsche haben, könnnen Sie über die Schaltfläche Schattierung und Rahmen weitere Veränderungen vornehmen. Ohne eine bestimmte Markierung werden die Einstellungen für die gesamte Tabelle übernommen. Markieren Sie aber eine oder mehrere Zellen, werden die Veränderungen nur dort vorgenommen.

Für die Veränderung einzelner Striche gehen Sie in das Register *Tabellentools – Entwurf/Rahmenlinien zeichnen*. Wählen Sie von oben nach unten Strichformat, Strichdicke und Strichfarbe. Der Cursor nimmt die Form eines Stiftes an, mit dem Sie einzelne Striche nachzeichnen können. Wird die Funktion nicht mehr gebraucht, deaktivieren Sie die Schaltfläche *Tabelle zeichnen*.

TO DO

- Formatieren Sie Ihre Tabelle.
- Probieren Sie alle oben genannten Funktionen aus.
- Fügen Sie Bilder statt Wörter ein, zum Beispiel ein Buch statt Deutsch, Formel statt Mathe.
- Gestalten Sie das Äußere Ihres Stundenplans nach Ihren Vorstellungen.
- Speichern nicht vergessen!

3.21 Troubleshooting

Tabelle 3.7 Fehlerbehebung

Typische Anfänger-probleme

Problem	***Hilfe***
Lineal ist weg.	▶ Oberer Teil der senkrechten Bildlaufleiste ▶ Linealsymbol anklicken
Menüband ist weg.	▶ Klicken Sie ein beliebiges Register doppelt an.
Menüband soll weg.	▶ Rechts oben auf das „Dach" klicken
Dokument ist weg.	▶ Möglicherweise haben Sie ein neues Dokument geöffnet. Schließen Sie es. ▶ Schauen Sie unten in der Taskleiste nach, ob das Programm Word noch geöffnet ist. Wählen Sie in der Taskleiste das richtige Dokument.
Dokument wird zu groß/ zu klein angezeigt.	▶ Halten Sie die Strg-Taste und scrollen Sie mit dem Mausrad nach unten/oben.
„Komische" Zeichen werden angezeigt.	▶ Register Start/Absatz ¶-Schalter deaktivieren
Einzelne Register (Tabellentools, Bildtools) werden nicht angezeigt.	▶ Um diese Register sehen zu können, müssen Sie eine Tabelle oder ein Bild anklicken.

4 TABELLENKALKULATION MIT MICROSOFT EXCEL

Allgemeines

Windows bietet dem Nutzer eine Art Taschenrechner an. Hier lassen sich Berechnungen zwar schnell ausführen, aber nicht abspeichern. Dafür und für weitere Funktionen benötigt man eine gesonderte Software.

Abb. 4.1 Rechner in Windows 7

Die Tabellenkalkulation arbeitet mit Tabellen, in die Zahlen, Formeln und Texte eingeben werden können. Mit Hilfe von Formeln und Funktionen lassen sich Rechenaufgaben jeglicher Art ausführen. In herkömmlichen Berechnungen musste man bei Veränderung einer Zahl alle davon abhängigen Werte neu berechnen; in einer Tabellenkalkulation werden die verschiedenen Werte miteinander verknüpft. Das bedeutet: Sobald man einen Wert ändert, verändern sich alle davon abhängigen Werte.
Dank der tabellarische Anordnung sind die Daten übersichtlich dargestellt. Mit Hilfe vieler Gestaltungsmöglichkeiten, die Sie zum größten Teil aus Word kennen, lassen sich die Tabellen für Präsentationen gestalten.
Ebenfalls ist es möglich, die Aussagen einer Tabelle mit Hilfe von Diagrammen darzustellen.

4.1 Funktionalitäten, Anwendungsmöglichkeiten

Berechnungen

Angebotsvergleich

Tabelle 4.1 Berechnungen

	Makler	Baugesellschaft	Architekt
Brutto-Fläche in m^2	124,00	124,00	124,00
Angebotspreis in €	386.880,00	369.520,00	363.444,00
Preis in €/m^2	6.240,00	5.961,00	2.931,00

Mit Hilfe der Tabellenkalkulation werden unter anderem …

- Angebote verglichen.
- betriebliche Gewinne ermittelt und/oder verteilt.
- Materiallisten erstellt.
- Löhne berechnet.

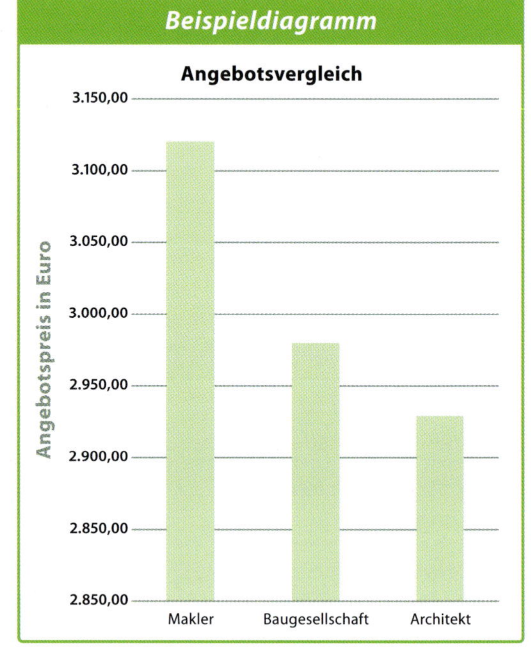

Abb. 4.2 Beispieldiagramm zum Angebotsvergleich

Diagramme

Wie fast alle Tabellenkalkulationsprogramme verfügt auch Excel über ein Modul, mit dem Zahlenreihen grafisch dargestellt werden können. Es stehen mehrere Diagrammtypen zur Verfügung, zum Beispiel Säulendiagramm, Kreisdiagramm, Liniendiagramm. Da sie die Berechnungen anschaulich zusammenfassen, sind sie oft Bestandteil von Präsentationen.

Datenbankverwaltung

Strukturierte Datenmengen können verwaltet, sortiert und selektiert (= ausgewählt) werden, zum Beispiel Adresslisten.

Zeichenobjekte

Mit den grafischen Elementen Linie, Kreis, Pfeil und Fläche können Texte hervorgehoben, Zellinhalte verdeutlicht oder optische Akzente gesetzt werden.

Makros

Mit der Programmiersprache *Visual Basic* können eigene Anwendungen programmiert werden.

4.2 Tabellen und Diagramme in Microsoft Excel 2010

Excel starten

Das Programm Excel lässt sich am einfachsten über das entsprechende Symbol auf dem Bildschirm starten

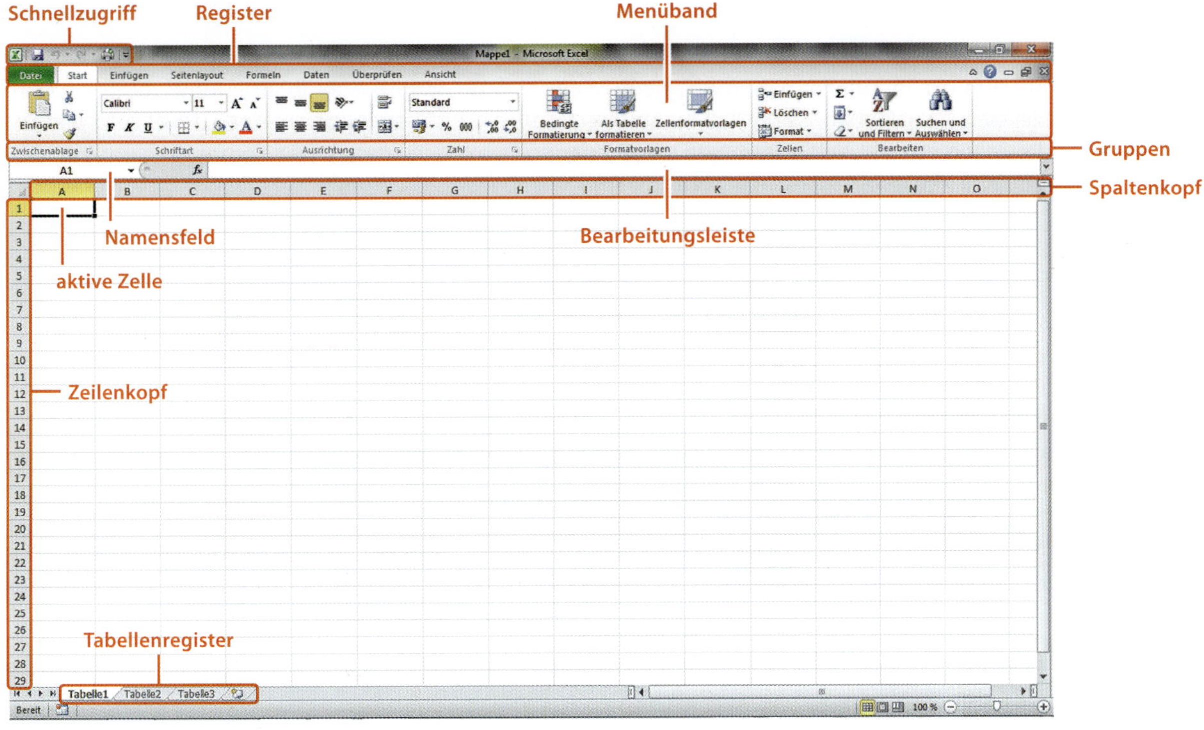

Abb. 4.3 Oberfläche von Microsoft Excel 2010

Arbeitsmappe

Wenn Sie Excel starten, erscheint ein *Tabellenblatt*, das zu einer *Mappe*, auch *Arbeitsmappe* genannt, gehört. Standardmäßig enthält eine Mappe *3 Tabellenblätter*, denen weitere hinzugefügt werden können. Vorteile der Tabellenblätter:

- Eine Tabelle kann in einzelne kleinere Tabellen auf verschiedenen Tabellenblättern aufgeteilt werden.
- Tabellenblätter, deren Daten logisch zusammenhängen, können in einer Arbeitsmappe gespeichert werden.
- Tabellenblätter mit gleichem Aufbau können in einer Arbeitsmappe gesammelt werden.

Titelleiste, Menüband und Symbolleisten kennen Sie schon aus Word. Auch einige Symbole sind Ihnen bereits bekannt. Und wie in Word lassen sich die Menü- und Symbolleisten individuell anpassen. Deshalb kann es sein, dass Ihr Bildschirm etwas anders aussieht.

Spalten und Zeilen

Das Excel-Tabellenblatt ist in Zellen aufgeteilt. Jede Zelle kann – wie bei einem Schachbrett – genau bestimmt werden: Die Spalten werden mit Buchstaben (A bis Z, danach AA, AB, AC bis XFD), die Zeilen mit Zahlen (von 1 bis 1048576) bezeichnet. Somit erhält jede Zelle eine eindeutige Adresse. Welche Zelle gerade angewählt ist, sehen Sie an dem dicken Rahmen um diese Zelle sowie in dem Namensfeld links oben in der Bearbeitungszeile.

Bewegen in der Tabelle

Haben Sie eine Zelle oder einen Zellbereich ausgewählt, können Sie Eingaben und Formatierungen durchführen. Sollte der Tabellenausschnitt nicht sichtbar sein, blenden Sie ihn mit Hilfe der Bildlaufleisten ein oder geben Sie die Zellbezeichnung direkt ins Namenfeld ein.

Bewegen mit der Tastatur (Auswahl)

[←] [↑] [→] [↓]	Über die Pfeiltasten auf die nächste Zelle gemäß Pfeilrichtung
Tabulatortaste	Der Mauszeiger springt in die nächste Zelle.
[Pos1]	Der Mauszeiger springt an den Anfang der aktuellen Zeile.
[Strg] + [Pos1]	Der Mauszeiger springt auf die Zelle A1.
[Strg] + [Ende]	Der Mauszeiger springt auf die letzte bearbeitete Zelle dieser Tabelle.
[Bild↑]	Der Bildschirm blättert eine Bildschirmseite nach oben.
[Bild↓]	Der Bildschirm blättert eine Bildschirmseite nach unten.
[Strg] + [↑]	Der Mauszeiger springt nach oben an das Ende des zusammenhängenden Bereichs bzw. zum nächsten Bereich in dieser Richtung.

Markieren

Wenn Sie Excel gestartet haben, werden die Zellinhalte mit sogenannten Standardvorgaben formatiert, Zahlen und Texte zum Beispiel immer in einer bestimmten Schriftart und Schriftgröße dargestellt.

Um nun bestimmte Formatierungsmerkmale (z. B. fette Schrift) oder Bearbeitungsvorgänge (z. B. Löschen, Verschieben, Kopieren) auf mehrere Zellen gleichzeitig anzuwenden, ist es erforderlich, die Zellen vor den Veränderungen zu markieren. Denken Sie daran: Der Computer kann Ihre Gedanken nicht lesen. Also:

Erst Zellen markieren, dann ändern!

Um mehrere Zellen gleichzeitig zu markieren, gibt es folgende Möglichkeiten:

Tabelle 4.2 Gewusst wie

Sie wollen markieren	*So geht's*
Eine Zelle	Mit der linken Maustaste auf die Zelle klicken.
Mehrere benachbarte Zellen	Mit der linken Maustaste auf die erste Zelle des zu markierenden Bereichs klicken und mit gedrückter linker Maustaste bis zur letzten Zelle des gewünschten Bereichs ziehen.
Mehrere nicht zusammenhängende Zellen	Die Strg-Taste gedrückt halten und mit der linken Maustaste über die gewünschten Zellen ziehen.
Eine Spalte	Spaltenkopf mit der linken Maustaste anklicken.
Eine Zeile	Zeilenkopf mit der linken Maustaste anklicken.
Das Tabellenblatt	Auf den Schnittpunkt von Zeilen- und Spaltenkopf klicken.

Beim Markieren bleibt die erste Zelle immer weiß. Jede Markierung verschwindet, sobald Sie erneut auf eine beliebige Zelle klicken.

TO DO

Markieren Sie ...
- den Zellbereich C7 bis E17.
- die Zellbereiche C4 bis D9 und F8 bis F14 sowie B14 bis D23.
- die Spalte K.
- die Zeile 23.

Allgemeines

Excel unterscheidet drei Arten von Daten: Zahlen, Formeln und Texte. Aktivieren Sie die Zelle, in die Sie Daten eingeben möchten. Sie können die Daten direkt in der Zelle oder in der Bearbeitungszeile eingeben. Beenden Sie die Eingabe mit der Enter-Taste, springt der Cursor in die Zelle darunter.

4.3 Dateneingabe

Text eingeben

Werden Buchstaben eingegeben, erkennt Excel diese automatisch als Text.

Texte werden in der Standardeinstellung *linksbündig* platziert.

	A	B	C	D
1	Tabellenkalkulation in Excel			
2				
3	Tabellenkalku	Textverarbeitung in Word		
4				

Ist der Zelleintrag breiter als die Spaltenbreite, wird die nachfolgende Zelle überdeckt, sofern sie leer ist. Wenn die rechte Nachbarspalte eines Texteintrages nicht leer ist, wird zwar die Anzeige, nicht aber der Inhalt des Textes abgeschnitten. Für eine vollständige Anzeige der Daten müsste die Spaltenbreite geändert werden.

Zahlen eingeben

Werden in eine Zelle ausschließlich Ziffern eingetragen, interpretiert Excel diese Ziffern als Zahl.

	A
1	34
2	2323
3	486566543
4	6,57657E+25
5	

Negative Zahlen müssen mit einem Minuszeichen eingegeben werden.

Zahlen werden in der Standardeinstellung *rechtsbündig* platziert.

Sehr große Zahlen werden in der Exponentialschreibweise dargestellt.

Formeln eingeben

Die zwei Grundregeln:

1. Formeln werden immer mit einem = Zeichen begonnen.

2. In Formeln nur Funktionen, Rechenzeichen und Zellbezeichnungen eingeben. Zahlen nur, wenn es die jeweilige Formel vorschreibt: z. B. r*f/2=t

	A	B
1	1	
2	2	
3	3	
4	4	
5	=SUMME(A1:A4)	
6		

Tipp: Die sicherste Methode, die richtige Zellbezeichnung einzugeben, ist das Anklicken der Zelle mit der Maus.

TO DO

- Starten Sie Excel.
- Schreiben Sie die nebenstehende Tabelle ab.
- Klicken Sie die Zelle C6 an.
- Beginnen Sie die Formel mit =.
- Klicken Sie die Zelle B3 an.
- Geben Sie + ein.
- Klicken Sie die Zelle B4 an.
- Bestätigen Sie mit Enter.
- Verfahren Sie genauso mit den Formeleingaben in den Zellen C8, C10, C12.
- In der Zelle C14 müssen Sie eine Zahl quadrieren. Beginnen Sie mit dem Gleichzeichen und klicken Sie die Zelle B3 an.
- Wählen Sie auf der Tastatur das Zeichen ^ (unter der Escape-Taste). Achtung: Dieses Zeichen erscheint nicht sofort auf dem Monitor. Erst wenn Sie die 2 eingeben, können Sie das Zeichen sehen.

	A	B	C	D
1	Formeleingaben			
2				
3	a=	5		
4	b=	2		
5				
6	Addition	a+b=		
7				
8	Subtraktion	a-b=		
9				
10	Multiplikation	a*b=		
11				
12	Division	a/b=		
13				
14	Quadrat	a²=		

- Verändern Sie in B3 und B4 beliebig die Werte für a und b. Sie sehen, dass sich die Ergebnisse der Berechnungen entsprechend verändern.

Schnelle Addition:
Wenn Sie sehr viele Zahlen addieren wollen, ist die eben beschriebene Vorgehensweise sehr umständlich. Excel bietet Ihnen eine einfachere Möglichkeit:
Dazu verwenden Sie das Summenzeichen Σ im Register *Start/Gruppe Bearbeiten*.

TO DO

- Schreiben Sie beliebig viele Zahlen in eine Excel-Tabelle.
- Klicken Sie die Zelle an, in der die Summe der Zahlen berechnet werden soll.
- Wählen Sie wie oben beschrieben das Summenzeichen Σ.
- Excel schreibt automatisch die Summenfunktion in die Zelle und macht Ihnen einen Vorschlag für einen Zahlenbereich, der addiert werden soll, zum Beispiel =SUMME(A2:B6).
- Beachten Sie, dass der Doppelpunkt kein Divisionszeichen ist, sondern „bis" ausdrücken soll.
- Hat Excel einen Zahlenbereich falsch vorausgewählt, markieren Sie mit der Maus die richtigen Zahlen.
- Beenden Sie Ihre Auswahl mit Enter.
- Speichern Sie diese Übung unter dem Dateinamen *Funktionen* ab.

Mit nur wenigen Kenntnissen in Excel können Sie schon sehr nützliche Tabellen für den Hausgebrauch erstellen, unter anderem eine Übersicht über die Finanzen.

TO DO

Fassen Sie Ihre Kenntnisse auf dem Arbeitsblatt *Tabellenkalkulation mit Microsoft Excel 2010* zusammen.

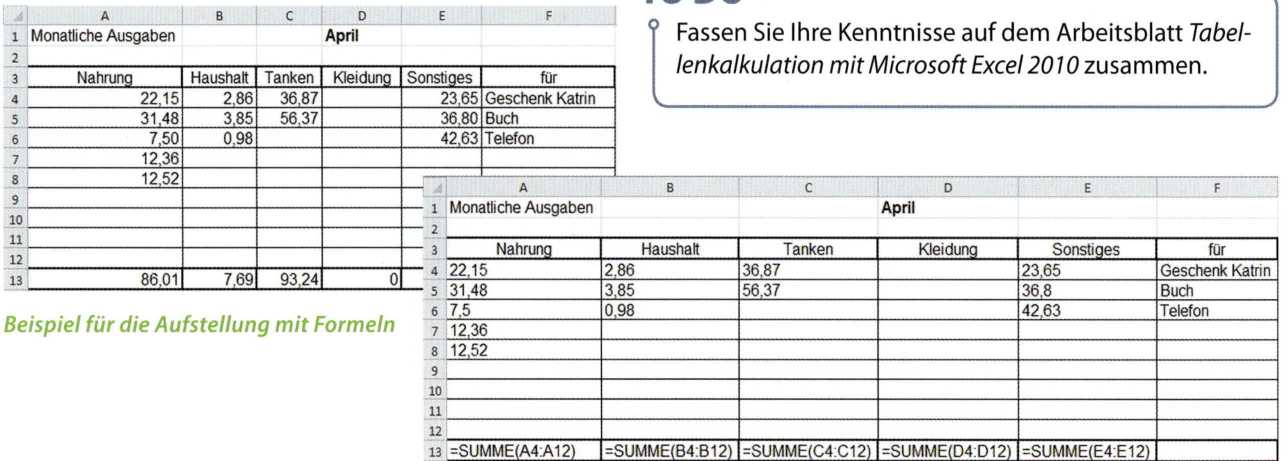

	A	B	C	D	E	F
1	Monatliche Ausgaben			April		
2						
3	Nahrung	Haushalt	Tanken	Kleidung	Sonstiges	für
4	22,15	2,86	36,87		23,65	Geschenk Katrin
5	31,48	3,85	56,37		36,80	Buch
6	7,50	0,98			42,63	Telefon
7	12,36					
8	12,52					
9						
10						
11						
12						
13	86,01	7,69	93,24	0		

	A	B	C	D	E	F
1	Monatliche Ausgaben			April		
2						
3	Nahrung	Haushalt	Tanken	Kleidung	Sonstiges	für
4	22,15	2,86	36,87		23,65	Geschenk Katrin
5	31,48	3,85	56,37		36,8	Buch
6	7,5	0,98			42,63	Telefon
7	12,36					
8	12,52					
9						
10						
11						
12						
13	=SUMME(A4:A12)	=SUMME(B4:B12)	=SUMME(C4:C12)	=SUMME(D4:D12)	=SUMME(E4:E12)	

Beispiel für die Aufstellung mit Formeln

Funktionen

Neben den mathematischen Grundoperationen bietet Excel weitere Funktionen an. So kann ebenso die Berechnung von Sinus und Cosinus vorgenommen sowie die Wurzel gezogen werden.

Bei jeder Anwendung muss eine Syntax (grundsätzlicher Aufbau) eingehalten werden.

Hier ein paar Beispiele:

Tabelle 4.3 Beispiele für die Syntax der mathematischen Funktionen

Beschreibung	Syntax	Beispiel
Kleinste Zahl aus einem Bereich anzeigen	=MIN(<Zellbereich>)	=MIN(A1:B7)
Größte Zahl aus einem Bereich anzeigen	=MAX(<Zellbereich>)	=MAX(A1:B7)
Durchschnitt berechnen	=MITTELWERT(<Zellbereich>)	=MITTELWERT(A1:B7)
Wurzel ziehen	=WURZEL(<Zahl>)	=WURZEL(A7) =WURZEL(A7+A1)
Sinus berechnen	=SIN(<Zahl>)	=SIN(A7)
Cosinus berechnen	=COS(<Zahl>)	=COS(A1)

Runden

Für das Runden von Zahlen werden zwei Angaben benötigt: Welche Zahl (welches Ergebnis) soll gerundet werden? Auf wie viele Dezimalstellen soll gerundet werden?

Entsprechend ist die Rundungsfunktion aufgebaut.
z. B. =Runden(A7;2)
=Runden (A7/A1;1)

TO DO

- Berechnen Sie für das folgende rechtwinklige Dreieck die Länge der Seite c.
- Ausgangsformel $a^2 + b^2 = c^2$

a	b	c
2,000	2,100	
3,000	3,000	
10,230	7,850	
7,650	35,450	

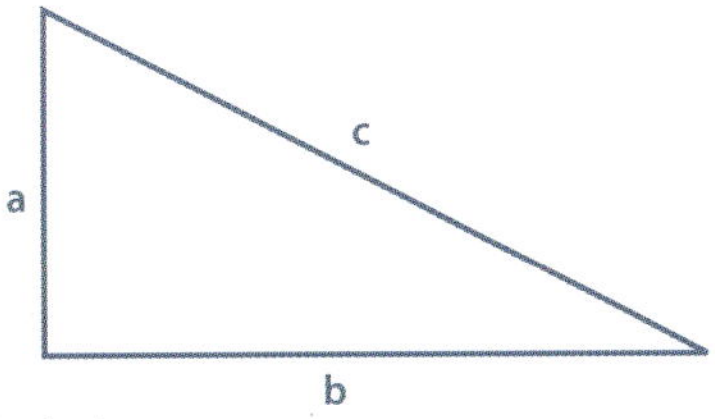

- Speichern Sie die Übung unter *Dreieck* ab.

Datumsangaben

Möchten Sie das aktuelle Datum bzw. die Uhrzeit einfügen, können Sie folgende Tastenkombinationen verwenden:

Datum: Strg + .
Datum und Uhrzeit: Strg + Shift + .

Beim Speichern bleiben die angezeigten Daten bestehen.
Verwenden Sie hingegen Funktionen, wird die Angabe bei jeder Berechnung oder beim Öffnen der entsprechenden Tabelle aktualisiert.

TO DO

Erarbeiten Sie sich Funktionen mit dem Arbeitsblatt *Einfache Funktionen in Excel*. Verwenden Sie Ihre Datei *Funktionen*.

Datum: =HEUTE()
Uhrzeit: =JETZT()

Alle Datum- und Zeitangaben können beliebig formatiert werden (s. Abschnitt 4.4).

Prozente Tagtäglich begegnen wir dem Rechnen mit Prozentanteilen: Anteil der Mehrwertsteuer bei Rechnungen, Rabatte bei Einkäufen, Statistiken … Haben Sie die Formel für die Prozentrechnung vergessen, können Sie die Lösung über den Dreisatz herleiten.

TO DO

Auf eine Kamera wird ein Rabatt von 20 Prozent gewährt. Die Kamera hat vorher 248,00 Euro gekostet. Berechnen Sie den Endpreis.

	A	B	C	D
1	Preis	Rabatt	Rabatt in €	Endpreis
2	248	20%		
3				
4				
5				
6	Preis	Rabatt in %	Rabatt in €	Endpreis
7	248	20		
8				

- Lösungsansatz:
  100 % ≙ 248,00 €
  20 % ≙ x €
  Es ergibt sich die Formel: 248 * 20/100
- Setzen Sie die Formeln korrekt um.
  Wird der Rabatt als %-Zahl geschrieben (Zelle B2), ist in der Rechnung die Zahl 100 schon enthalten: % ≙ dividiert durch 100
- Als Ergebnis erhalten Sie:

C	D
Rabatt in €	Endpreis
49,6	198,4

	A	B	C	D
1	Preis	Rabatt	Rabatt in €	Endpreis
2	248	20%	=A2*B2	=A2-C2
3				
4				
5				
6	Preis	Rabatt in %	Rabatt in €	Endpreis
7	248	20	=A7*B7/100	=A7-C7
8				

4.4 Formatierungen

Formatierungen Excel ermöglicht es, die Tabellen zu gestalten. Im Register *Start* finden sich drei Gruppen mit etlichen Gestaltungsoptionen:

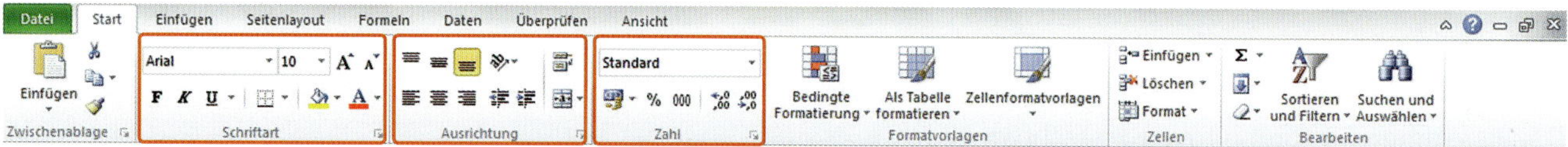

Die Gruppen *Schriftart* und *Ausrichtung* ähneln den Word-Gruppen.

TO DO

Machen Sie sich mit Gestaltungsmöglichkeiten in Excel vertraut. Verwenden Sie als Grundlage das Arbeitsblatt *Formatierungen in Excel 2010*.

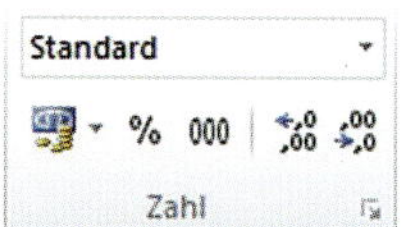

Die Gruppe *Zahl* enthält einen Fundus verschiedener Formate (Buchhaltungsformat, Prozentformat, Tausender-Trennzeichen-Format und Einstellung der Dezimalstellen). Mit Anklicken des Auswahlkästchens bei *Standard* werden Ihnen weitere Formate angeboten. Und unter dem Punkt *Mehr…* öffnet sich ein Untermenü mit etlichen Formatierungsmöglichkeiten.

In das gleiche Untermenü gelangen Sie auch mit den Gruppenbutton von Schriftart, Ausrichtung und Zahl.

TO DO

- Öffnen Sie die Datei *Zahlenformatierung.*
- Formatieren Sie die Zahlen in der Spalte C wie angegeben – und vergleichen Sie mit der Lösung.

TO DO

Texte über mehrere Zellen mittig setzen

Gestalten Sie die zwei Zeilen wie in der nebenstehenden Abbildung.

1. Schreiben Sie die Texte in die Zellen A1, A2:C2.
2. Markieren Sie jene Zellen, oberhalb derer der Text zentriert werden soll (A1:C1).
3. Register *Start/Ausrichtung*
4. Schaltfläche *Verbinden und zentrieren*
5. Markieren Sie den Zellbereich A1:C2.
6. Setzen Sie „Alle Rahmenlinien".

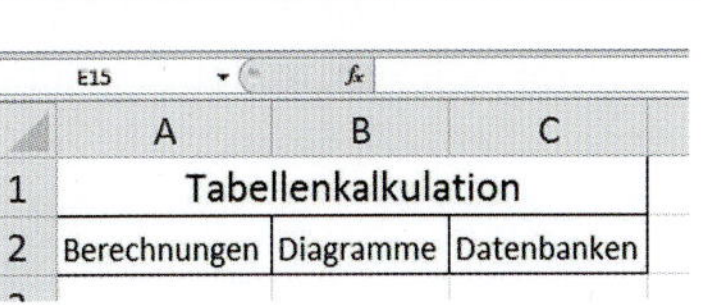

Zellverbund auflösen

Verbundene Zellen können natürlich auch wieder „getrennt" werden:

- Verbundene Zelle markieren
- Erneut Schaltfläche *Verbinden und zentrieren* anklicken

TO DO

Zeilenumbruch

Manchmal ist es notwendig, mehrere Zeilen in eine Zelle zu schreiben. Gestalten Sie ein Objekt so wie in der Abbildung.

1. Schreiben Sie den Text.
2. Markieren Sie die Zelle A1.
3. Klicken Sie den Gruppenbutton *Ausrichtung* an. (Oder Rechtsklick/*Zellen formatieren*/Register *Ausrichtung*)
4. Unter *Textsteuerung* den ✓ *Zeilenumbruch* aktivieren

	A
1	Querschnitt in cm
2	10
3	12

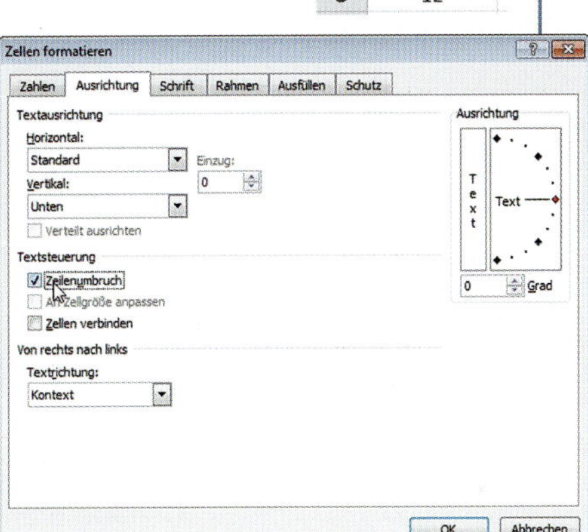

Korrekturen

Wie immer steht Ihnen die Schaltfläche *Rückgängig* in der Symbolleiste *Schnellzugriff* zur Verfügung. Damit können Sie falsche Eingaben und Veränderungen kurzfristig rückgängig machen.

Wenden Sie ansonsten folgende Korrekturmöglichkeiten an:

Tippfehler
- Zelle doppelt anklicken
  oder
- Zelle anklicken und in Bearbeitungsleiste löschen mit Backspace-Taste [←] oder Entfernen-Taste [Entf]

Zellinhalte
- entsprechende Zelle(n) markieren
- [Entf]

Spalte löschen
- zu löschende Spalte markieren
- Register *Start/Zellen*
- Löschen

Zeile löschen
- zu löschende Zeile markieren
- Register *Start/Zellen*
- Löschen

Schneller geht's über das Kontextmenü: Mit der rechten Maustaste in die Zelle (bzw. Spalten- oder Zeilenkopf) klicken, in der gelöscht werden soll.

Spalte einfügen
- Spalte markieren
- Register *Start/Zellen*
- Einfügen

Zeilen einfügen
- Zeile markieren
- Register *Start/Zellen*
- Einfügen

Spaltenbreite ändern

Ist eine hohe Zahl in einer Zelle breiter als die Spalte, wird die Zahl gerundet, in der Exponentialschreibweise dargestellt oder durch Kreuze (####) angezeigt. Die Spalte muss also in der Breite verändert werden.

Eine Spalte
- Mauszeiger im Spaltenkopf auf die Spaltentrennlinie bringen; der Mauszeiger verwandelt sich in einen Doppelpfeil ✛. Mit gedrückter linker Maustaste auf die gewünschte Breite ziehen. Solange die Maustaste gedrückt ist, wird die momentane Spaltenbreite angezeigt.

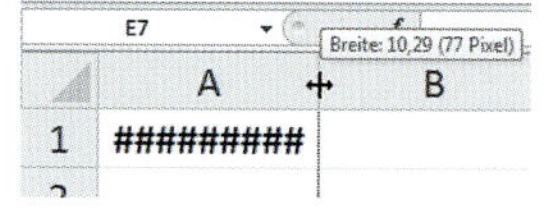

Mehrere Spalten
- zu ändernde Spalten markieren (Spalten müssen nicht zusammenhängen)
- Nur eine Spalte in der Breite ändern, alle markierten Spalten erhalten automatisch die gleiche neue Breite.

Alternativ
- Klicken Sie mit der rechten Maustaste auf den Spaltenkopf der zu ändernden Spalte und wählen Sie im Kontextmenü *Spaltenbreite…*, dann können Sie die genaue Spaltenbreite eingeben.

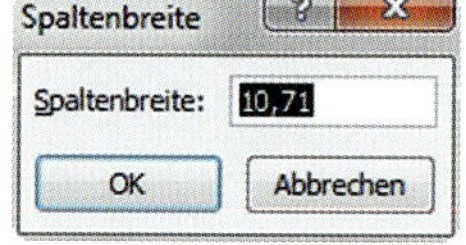

Oder:
- Register *Start/Zellen* ▷ *Spaltenbreite…* ▷ genaue Breite eingeben

Optimale Spaltenbreite
- Klicken Sie doppelt auf die rechte Begrenzungslinie der Spalte im Spaltenkopf. Die Breite wird automatisch dem längsten Zelleneintrag angepasst.

Zeilenhöhe ändern

Die Zeilenhöhe wird automatisch der Schrifthöhe angepasst. Eine manuelle Änderung ist jedoch möglich.

Eine Zeile
- Mauszeiger im Zeilenkopf auf die Zeilentrennlinie bringen. Der Mauszeiger verwandelt sich in einen Doppelpfeil ✛. Mit gedrückter linker Maustaste nach unten ziehen, die Zeile wird höher, die Höhe wird angezeigt.

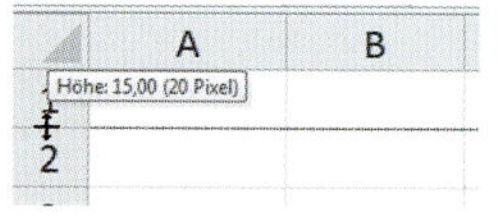

Mehrere Zeilen
- zu ändernde Zeilen markieren (Zeilen müssen nicht zusammenhängen)
- Nur eine Zeile in der Breite ändern, alle markierten Zeilen erhalten automatisch die gleiche neue Höhe.

Alternativ
- wie bei *Spaltenbreite ändern*

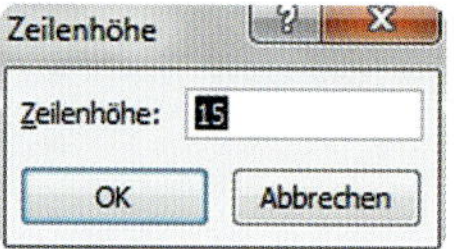

Text in der Höhe ausrichten

Ausrichtungen können Sie im Register *Start/Ausrichtung* mit Hilfe der folgenden Symbole einstellen:

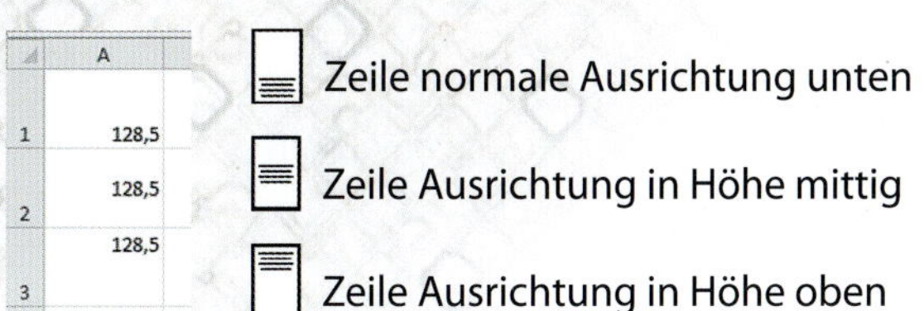

Zeile normale Ausrichtung unten

Zeile Ausrichtung in Höhe mittig

Zeile Ausrichtung in Höhe oben

Text in der Breite ausrichten

Die horizontale Ausrichtung kann mit der vertikalen kombiniert werden.

Zeile Ausrichtung linksbündig

Zeile Ausrichtung zentriert

Zeile Ausrichtung rechtsbündig

Rahmen

Tabellen, die in Excel erstellt werden, sind standardmäßig ohne Rahmen. Rahmen können aber im Register *Start/Schriftart* eingestellt werden.

Mit dem Anklicken des Erweiterungdreiecks neben dem Symbol können Sie aus dem Menü verschiedene Rahmen einstellen.

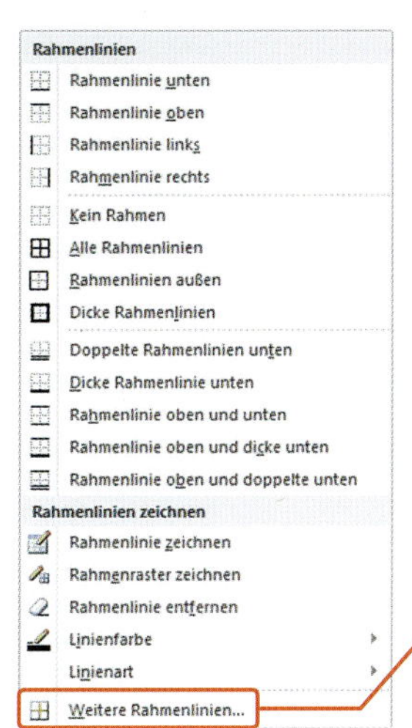

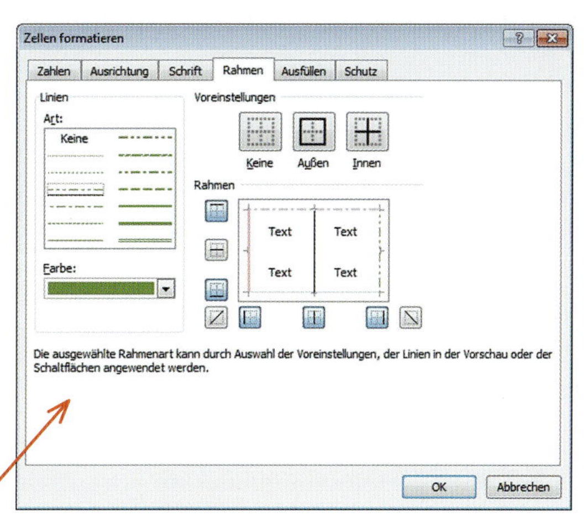

Im Menü *Zellen formatieren*/Register *Rahmen* können Sie Rahmenlinien individuell anpassen.

TO DO

Ergänzen Sie das Arbeitsblatt *Bearbeiten von Zeilen und Spalten in Excel 2010.*

4.5 Verschieben und Kopieren von Zellen

Falls Sie eine Zelle oder einen Zellbereich verschieben oder kopieren wollen, können Sie ähnlich wie in Word vorgehen:

Verschieben

- Zelle(n) markieren
- Rand anklicken und verschieben

- Zelle(n) markieren
- rechte Maustaste
- *Ausschneiden*
- Zielzelle anklicken
- rechte Maustaste
- *Einfügen*

- Zelle(n) markieren
- Register *Start/Zwischenablage*

- Zielzelle anklicken

Kopieren

- Zelle(n) markieren
- Rand anklicken und Strg-Taste gedrückt haltend verschieben

- Zelle(n) markieren
- rechte Maustaste
- *Kopieren*
- Zielzelle anklicken
- rechte Maustaste
- *Einfügen*

- Zelle(n) markieren
- Register *Start/Zwischenablage*

- Zielzelle anklicken

TO DO

- Öffnen Sie die Datei *Zellen verschieben.*
- Bearbeiten Sie die Aufgabenstellung.

4.6 Autofüllfunktion für Clevere

Automatisch ausfüllen

Mit der Autofüllfunktion wird die Eingabe automatisch fortgesetzt. Das bezieht sich sowohl auf Texte und Zahlen als auch auf Formeln. Die Anwendung ist denkbar einfach. So können Sie beispielsweise ganz schnell einen Terminkalender erstellen oder Formeln kopieren.

Wenn Sie eine Eingabe markieren, sehen Sie in der rechten unteren Ecke der Markierung das Autoausfüllkästchen (kurz: Anfasser).

Schieben Sie den Cursor über den Anfasser, wird dieser ein „Fadenkreuz". Nun können Sie anklicken und in die gewünschte Richtung (rechts, unten, links, oben) ziehen.

TO DO

Probieren Sie Folgendes aus:

- Schreiben Sie in Zelle A1 die Zahl 1.
- Klicken Sie die Zelle einmal an.
- Ziehen Sie den Anfasser zehn Zeilen nach unten.

- Schreiben Sie in Zelle B1 die Zahl 1 und in Zelle B2 die Zahl 2.
- Markieren Sie beide Zellen.
- Ziehen Sie den Anfasser zehn Zeilen nach unten.

- Zelle C1 ▷ Zahl 100, C2 ▷ 200
- Markieren Sie beide Zellen.
- Ziehen Sie den Anfasser zehn Zeilen nach unten.

- Zelle D1 ▷ Zahl 50, D2 ▷ 40
- Markieren Sie beide Zellen.
- Ziehen Sie den Anfasser zehn Zeilen nach unten.

- Zelle E1 ▷ 1. Woche
- Markieren der Zelle
- Ziehen Sie den Anfasser zehn Zeilen nach unten.

- Zelle F1 ▷ Abt. 1
- Markieren der Zelle
- Ziehen Sie den Anfasser zehn Zeilen nach unten.

- Zelle G1 ▷ Montag
- Markieren der Zelle
- Ziehen Sie den Anfasser zehn Zeilen nach unten.

- Zelle H1 ▷ Mai
- Markieren der Zelle
- Ziehen Sie den Anfasser zehn Zeilen nach unten.

Die Autofüllfunktion lässt sich in alle Richtungen anwenden.

	A	B	C	D	E	F	G	H
1	1	1	100	50	1. Woche	Abt. 1	Montag	Mai
2	1	2	200	40	2. Woche	Abt. 2	Dienstag	Juni
3	1	3	300	30	3. Woche	Abt. 3	Mittwoch	Juli
4	1	4	400	20	4. Woche	Abt. 4	Donnerstag	August
5	1	5	500	10	5. Woche	Abt. 5	Freitag	September
6	1	6	600	0	6. Woche	Abt. 6	Samstag	Oktober
7	1	7	700	-10	7. Woche	Abt. 7	Sonntag	November
8	1	8	800	-20	8. Woche	Abt. 8	Montag	Dezember
9	1	9	900	-30	9. Woche	Abt. 9	Dienstag	Januar
10	1	10	1000	-40	10. Woche	Abt. 10	Mittwoch	Februar

Auch bei der Formeleingabe ist die Autofüllfunktion ein unverzichtbares Werkzeug.

Beispiel: Die Berechnung in Zelle D2 erfolgt mit der Formel =B2*C2.

	A	B	C	D
1		Faktor	Einzelpreis	Gesamt
2	Anzahl der Schalter	3	5,81	17,43
3	Leitung in Meter	2,5	0,98	
4	Arbeitsstunden	7	16,74	
5	Anzahl Bohrungen	3	2,5	
6	Anzahl Klemmen	5	0,35	
7	Anfahrtsweg	1	34,99	

Autoausfüllkästchen (Anfasser)

In den Kästchen der Spalte D werden die gewünschten Berechnungen ausgeführt:

	A	B	C	D
1		Faktor	Einzelpreis	Gesamt
2	Anzahl der Schalter	3	5,81	17,43
3	Leitung in Meter	2,5	0,98	2,45
4	Arbeitsstunden	7	16,74	117,18
5	Anzahl Bohrungen	3	2,5	7,5
6	Anzahl Klemmen	5	0,35	1,75
7	Anfahrtsweg	1	34,99	34,99

Alle Formeln verändern sich entsprechend der Ausfüllrichtung. Das bedeutet: Wenn man die Autofüllfunktion nach unten (oder oben) verwendet, werden nur die Zeilenangaben innerhalb der Formeln verändert.

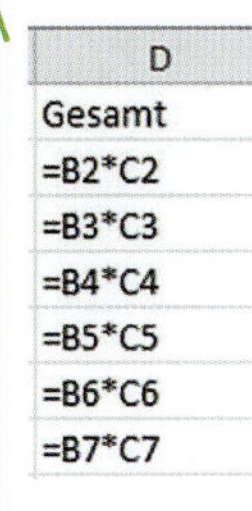

D
Gesamt
=B2*C2
=B3*C3
=B4*C4
=B5*C5
=B6*C6
=B7*C7

Ergebnisse und Formeln nach Anwendung der Autofüllfunktion

TO DO

- Schreiben Sie die folgende Tabelle ab. Verwenden Sie, wenn möglich, die Autofüllfunktion.
- Berechnen Sie in der Zelle B8 den Umsatz für Stuttgart mit der Summenfunktion (Σ).
- Verwenden Sie für die Umsatzberechnung von Berlin und Dresden die Autofüllfunktion.
- Berechnen Sie in E4 den durchschnittlichen Umsatz des 1. Quartals mit der Funktion Mittelwert.
- Verwenden Sie für die Berechnung der weiteren Quartale die Autofüllfunktion.
- Speichern Sie die Datei unter *Umsatz.xls* ab.

	A	B	C	D	E
1	Umsatz der Geschäftsstellen in Euro				
2					Durchschnittlicher
3		Stuttgart	Berlin	Dresden	Umsatz
4	1. Quartal	2345,00	2654,00	7543,00	
5	2. Quartal	345,00	1423,00	6432,00	
6	3. Quartal	4567,00	5432,00	5433,00	
7	4. Quartal	3765,00	3542,00	9324,00	
8	Summe				

TO DO

Sie suchen eine neue 3-Zimmer-Wohnung. In der Zeitung finden Sie folgende Angebote:

KM 450 € NK 100 €
KM 520 € NK 110 €
KM 500 € NK 90 €
KM 660 € NK 155 €
KM 610 € NK 79 €
KM 800 € NK 180 €
KM 750 € NK 70 €

- Wie viel Prozent der Miete werden in den einzelnen Fällen für Nebenkosten als Vorauszahlung verlangt?
- Speichern Sie die Übung unter *Nebenkosten* ab.

Für weitere Übungen stehen Ihnen folgende Dateien zur Verfügung:

- *Autofüllfunktion.xlsx*
- *Nebenkosten.xlsx*
- *Noten.xlsx*

4.7 Relative und absolute Zellbezüge

Die Autofüllfunktion kann nicht immer „einfach so" angewendet werden. Wird eine Berechnung durchgeführt, bei der sich innerhalb der Formel *eine* Zelle nicht verändern darf, muss Excel diese Information gesondert „mitgeteilt" werden. Dazu wird diese spezielle Zelle in der Formel festgesetzt, sprich: Ein absoluter Zellbezug wird hergestellt.

Beispiel:

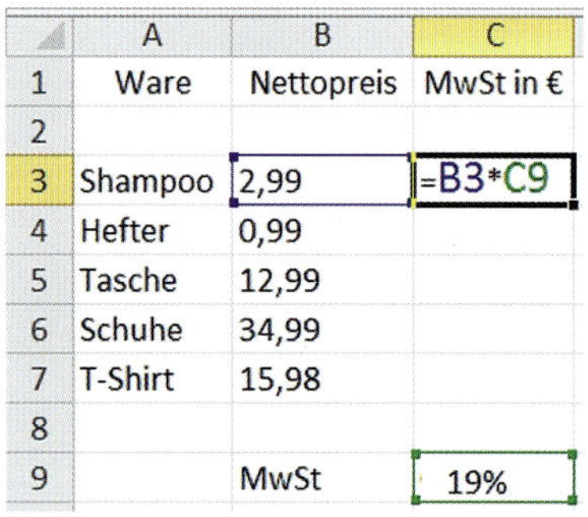

	A	B	C
1	Ware	Nettopreis	MwSt in €
2			
3	Shampoo	2,99	=B3*C9
4	Hefter	0,99	
5	Tasche	12,99	
6	Schuhe	34,99	
7	T-Shirt	15,98	
8			
9		MwSt	19%

Bei Anwendung der Autofüllfunktion zur Berechnung der MwSt. würden sich alle Zellen der Formeln in Ausfüllrichtung verändern.

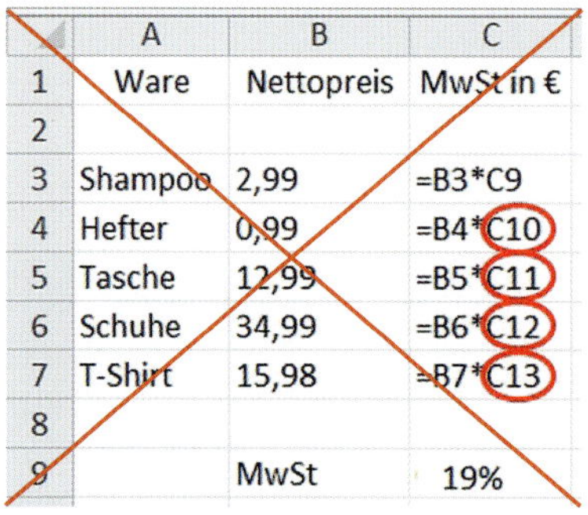

	A	B	C
1	Ware	Nettopreis	MwSt in €
2			
3	Shampoo	2,99	=B3*C9
4	Hefter	0,99	=B4*C10
5	Tasche	12,99	=B5*C11
6	Schuhe	34,99	=B6*C12
7	T-Shirt	15,98	=B7*C13
8			
9		MwSt	19%

In die darunterliegende Zelle wird die Formel =B4*C10 eingesetzt (danach =B5*C11 …). B4 wäre die richtige Zelle für die nächste Berechnung, aber die Zelle C9 aus der Originalformel muss bestehen bleiben.

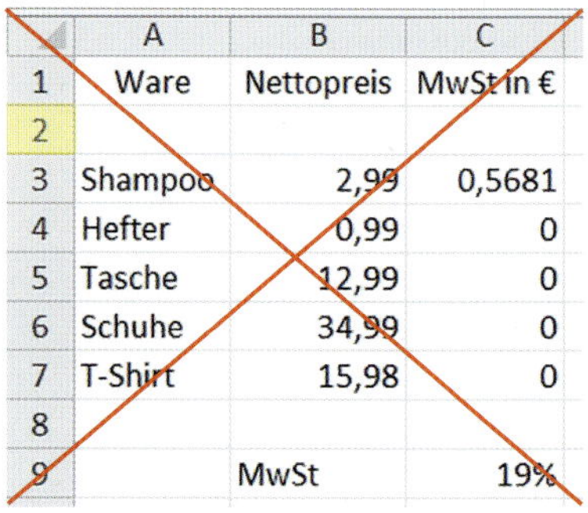

	A	B	C
1	Ware	Nettopreis	MwSt in €
2			
3	Shampoo	2,99	0,5681
4	Hefter	0,99	0
5	Tasche	12,99	0
6	Schuhe	34,99	0
7	T-Shirt	15,98	0
8			
9		MwSt	19%

Falsche Ergebnisse wären die Folge.

Das Beibehalten bzw. Festsetzen der Zelle erfolgt über ein Dollarzeichen ($) vor der entsprechenden Zeilen- oder Spaltenangabe. In unserem Beispiel ist es also notwendig, die Originalformel =B3*C9 in =B3*$C$9 zu verändern – oder auch in =B3*C$9; denn beide Lösungen würden hier bei der Verwendung der Autofüllfunktion gleiche Ergebnisse erzeugen.

Die F4-Taste erleichtert die Eingabe des Dollarzeichens. Dazu setzt man den Cursor an eine beliebige Stelle der zu bearbeitenden Zellbezeichnung und drückt die F4-Taste.

Tabelle 4.4: Verwendung der Taste F4 zur Festlegung der Zellbezüge

Eingabe mit der F4-Taste	Schreibweise	Erläuterung	Zellbezug
1 x drücken	$C$9	Festsetzen der Spalte C und der Zeile 11	absolut
2 x drücken	C$9	Setzt nur die Zeile fest (Spalte würde sich verändern).	gemischt
3 x drücken	$C9	Setzt nur die Spalte fest (Zeile würde sich verändern).	gemischt
4 x drücken	C9	Zeilen und Spalten können sich verändern.	relativ

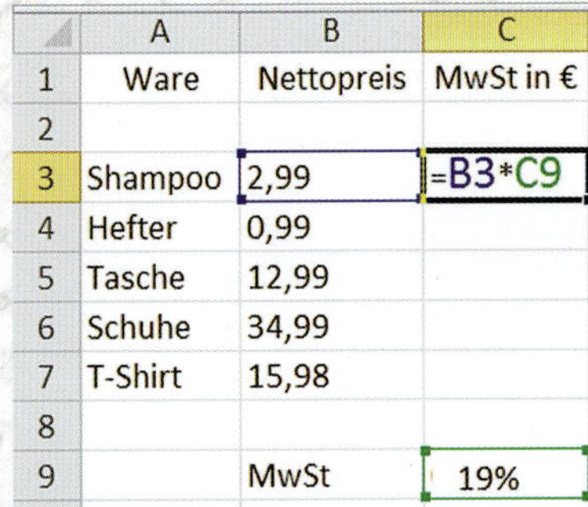

	A	B	C
1	Ware	Nettopreis	MwSt in €
2			
3	Shampoo	2,99	=B3*C9
4	Hefter	0,99	
5	Tasche	12,99	
6	Schuhe	34,99	
7	T-Shirt	15,98	
8			
9		MwSt	19%

Zelle C9 wurde festgesetzt. Es wurde ein direkter Zellbezug hergestellt.

	A	B	C
1	Ware	Nettopreis	MwSt in €
2			
3	Shampoo	2,99	=B3*$C$9
4	Hefter	0,99	=B4*$C$9
5	Tasche	12,99	=B5*$C$9
6	Schuhe	34,99	=B6*$C$9
7	T-Shirt	15,98	=B7*$C$9
8			
9		MwSt	19%

Bei Anwendung der Autofüllfunktion wird der Zellbezug zur Zelle C9 beibehalten.

	A	B	C
1	Ware	Nettopreis	MwSt in €
2			
3	Shampoo	2,99	0,5681
4	Hefter	0,99	0,1881
5	Tasche	12,99	2,4681
6	Schuhe	34,99	6,6481
7	T-Shirt	15,98	3,0362
8			
9		MwSt	19%

Die richtigen Ergebnisse werden berechnet.

TO DO

Berechnen Sie die prozentualen Anteile der Lohnnebenkosten vom Gesamtlohn.

- Schreiben Sie die Tabelle ab.
- Berechnen Sie in B7 die Gesamtkosten mit der Summenfunktion.
- Erstellen Sie in C2 die Formel zur Berechnung des prozentualen Anteils des Stundenlohnes an den Gesamtkosten (▷ 36,9).
- Formatieren Sie das Ergebnis als Prozentzahl. Korrigieren Sie die Formel (▷ 37 %).
- Verwenden Sie jetzt die Autofüllfunktion unter Berücksichtigung der Zellbezüge.
- Vergleichen Sie Ihre Lösung mit der nebenstehenden Tabelle.

	A	B	C
1			Anteil an den Gesamtkosten
2	Stundenlohn	14,65 €	
3	Sozialkosten	11,90 €	
4	Allgemeine Geschäftskosten	6,75 €	
5	Verwaltungskosten	5,20 €	
6	Gewinn	1,20 €	
7	**Gesamtkosten**		

	A	B	C
1			Anteil an den Gesamtkosten
2	Stundenlohn	14,65 €	37%
3	Sozialkosten	11,90 €	30%
4	Allgemeine Geschäftskosten	6,75 €	17%
5	Verwaltungskosten	5,20 €	13%
6	Gewinn	1,20 €	3%
7	**Gesamtkosten**	39,70 €	100%

4.8 WENN()-Funktion

Allgemeines

In vielen Fällen hängt das Ergebnis einer Berechnung von bestimmten Faktoren ab. Die Ausführung einer Formel kann von einer Bedingung abhängig sein bzw. abhängig gemacht werden. Je nachdem, ob eine Bedingung erfüllt oder nicht erfüllt ist, wird eine Berechnung ausgeführt oder nicht ausgeführt, oder es wird eine alternative Berechnung ausgeführt.

Argument
Bedingung

Die WENN()-Funktion wird mit drei Argumenten aufgebaut:
=WENN (<Bedingung>;<Dann_Wert>;<Sonst_Wert>)
Bei der Formulierung der Bedingung werden zwei Werte miteinander verglichen. Dafür sind sogenannte Vergleichsoperatoren erforderlich.

Das Ergebnis der Bedingungsprüfung wird mit WAHR und FALSCH angegeben.

Tabelle 4.5 Vergleichsoperatoren

Vergleichsoperator	*Bedeutung*	*Beispiel*
=	*gleich*	*E5=8*
<>	*ungleich*	*D6<>D7*
<	*kleiner als*	*D6<500*
>	*größer als*	*D6+D7>D8*
<=	*kleiner gleich*	*D6+D7<=D8+D9*
>=	*größer gleich*	*D6>=D7+200*

Argument Dann_Wert

Wenn eine Bedingung WAHR ist, wird das Argument *Dann_Wert* ausgeführt.

Tabelle 4.6 Argumente

Argument	
25	*Zahl 25 wird eingetragen.*
B8	*Zellinhalt der Zelle wird übertragen.*
B8 + B9	*Formel wird berechnet und als Zahl ausgegeben.*
„keine Abgaben"	*Text (in Anführungsstrichen) wird eingetragen.*
""	*Zelle bleibt leer.*

Argument Sonst_Wert

Wenn die Bedingung FALSCH ist, wird das Argument *Sonst_Wert* ausgeführt. Hierbei gelten die gleichen Regeln wie für den Dann_Wert.

TO DO

Die Firma Schnell bezahlt ihren Mitarbeitern ein Grundgehalt plus Provision, die vom Umsatz abhängig ist.
Mitarbeiter Fritz bekommt ein Grundgehalt von 2500,00 €. Ist sein Umsatz größer als 9000,00 €, erhält er zusätzlich 225,00 €, sonst nur das Grundgehalt.

- Übertragen Sie die Tabelle in das Excel-Programm! Beachten Sie: Die Werte für den Umsatz, von dem die Provision abhängig ist, und die Provision müssen separat in einer Zelle stehen, denn diese Zahlen sind veränderbar (werden vom Chef bestimmt).

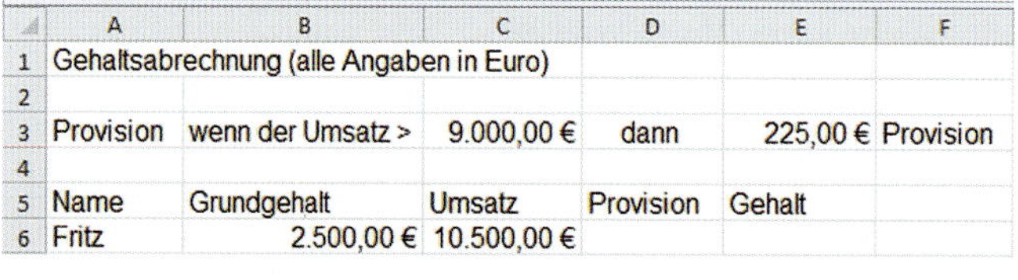

	A	B	C	D	E	F
1	Gehaltsabrechnung (alle Angaben in Euro)					
2						
3	Provision	wenn der Umsatz >	9.000,00 €	dann	225,00 €	Provision
4						
5	Name	Grundgehalt	Umsatz	Provision	Gehalt	
6	Fritz	2.500,00 €	10.500,00 €			

- Formulieren Sie die WENN-Funktion für die Provision:
  Wenn der Umsatz>9000,00 €, dann ist die Provision 225 €, sonst 0.

	A	B	C	D	E	F
1	Gehaltsabrechnung (alle Angaben in Euro)					
2						
3	Provision	wenn der Umsatz >	9000	dann	225	Provision
4						
5	Name	Grundgehalt	Umsatz	Provision	Gehalt	
6	Fritz	2500	10500	=WENN(C6>C3;E3;0)	=B6+D6	

- Erweitern Sie die Tabelle um folgende Mitarbeiter:

Müller	2200	8000
Hansch	1250	9000
Gutzsche	1400	9001
Ganser	1395	8999

- Verändern Sie die Formel so, dass bei der Berechnung von Provision und Gehalt der zusätzlichen Mitarbeiter die Autofüllfunkton genutzt werden kann.
- Speichern Sie Ihre Tabelle unter *Gehalt* ab.

TO DO

Bei der Firma Schnell laufen die Geschäfte gut und die Geschäftsführung möchte die Mitarbeiter weiter motivieren.
Provision 1: Wenn der Umsatz größer als 9000 € ist, werden 225 € Provision gezahlt, sonst 0 €.
Provision 2: Wenn der Umsatz größer ist als das Vierfache des Grundgehalts, werden – zusätzlich zur Provision 1 – 3 % des Umsatzes als Provision gezahlt, sonst 0 €.

- Öffnen Sie Ihre gespeicherte Datei *Gehalt*.
- Kopieren Sie die vorhandene Tabelle auf ein neues Tabellenblatt.
- Erweitern Sie die Tabelle entsprechend der Aufgabenstellung.
- Berechnen Sie die eventuell zu zahlende Provision 2.
- Berechnen Sie zusätzlich die Summe aller Gehälter.
- Speichern Sie die Datei wieder unter *Gehalt* ab.

4.9 Verweis()-Funktion

Sucht man für eine Berechnung nach Informationen, die in Abhängigkeiten stehen, wendet man die Verweis-Funktion an. Diese Funktion sucht anhand von bestimmten Kriterien den dazugehörigen Wert. Beispiel: In einer Kundenliste wird die vollständige Adresse zu einer bestimmten Kundennummer herausgesucht.

So funktioniert es

Excel durchsucht die Werte eines Tabellenbereichs (Matrix oder Suchbereich) nach einem vorher festgelegten Kriterium (Kennzeichen). Es gilt folgende Reihenfolge:

- Zahlen (in aufsteigender Form), Texte (in alphabetischer Reihenfolge), Wahrheitswerte (zuerst Falsch, dann Wahr).
- Findet die Funktion keinen Wert, der exakt mit dem Suchkriterium übereinstimmt, wird automatisch auf den vorherigen Wert zugegriffen.
- Ist der zu suchende Wert kleiner als der erste Eintrag im Suchbereich, wird ein Fehlerwert (#NV) ausgewiesen. Diesen Fehler kann man mit einem sehr kleinen ersten Wert (z. B. 0) vermeiden.

Syntax (Anordnung)

SVERWEIS und WVERWEIS unterscheiden sich im Aufbau des Suchbereichs.

SVERWEIS(Suchkriterium;Matrix;Spaltenindex;Bereich_Verweis)
WVERWEIS(Suchkriterium;Matrix;Zeilenindex;Bereich_Verweis)

Suchkriterium	=	Suchwert
Matrix	=	Suchbereich
Spaltenindex	=	Ergebnisspalte
Zeilenindex	=	Ergebniszeile
Bereich_Verweis	=	Dieses Argument ist optional und legt fest, ob eine genaue Übereinstimmung bestehen soll.

SVERWEIS

Beispiel: Berechnen Sie die Provisionen der einzelnen Mitarbeiter.

Berechnung Provisionssatz

- *Suchkriterium* (= Suchwert) ist die Spalte *B*, denn dort steht der Umsatz des Mitarbeiters.
- *Matrix* (= Suchbereich) ist der Bereich F4 bis G10.
- Spalte *F* ist die Suchspalte, denn hier stehen die Grundwerte für den Provissionssatz. Findet die Funktion keinen Wert, der exakt mit dem Suchkriterium übereinstimmt, wird *automatisch der kleinere* Wert verwendet.
- *Spaltenindex* (= Ergebnisspalte) ist die Spalte *G* (die 2. Spalte in der Matrix), denn hier steht der entsprechende Provisionssatz.

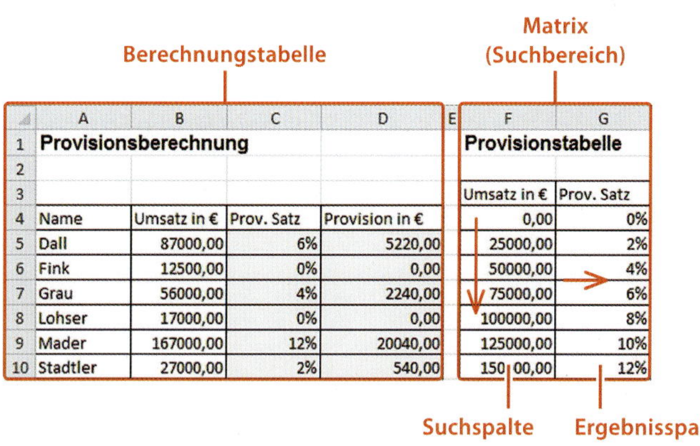

	A	B	C	D	E	F	G
1	Provisionsberechnung					Provisionstabelle	
2							
3						Umsatz in €	Prov. Satz
4	Name	Umsatz in €	Prov. Satz	Provision in €		0,00	0%
5	Dall	87000,00	6%	5220,00		25000,00	2%
6	Fink	12500,00	0%	0,00		50000,00	4%
7	Grau	56000,00	4%	2240,00		75000,00	6%
8	Lohser	17000,00	0%	0,00		100000,00	8%
9	Mader	167000,00	12%	20040,00		125000,00	10%
10	Stadtler	27000,00	2%	540,00		150000,00	12%

Die Funktion allgemein:
=SVERWEIS(<Suchwert>;<Suchbereich>;<Ergebnisspalte>)
Die Formel für das Beispiel in C5: =SVERWEIS(B5;F4:G10;2).
Für die Autofüllfunktion muss der Suchbereich ein absoluter Wert sein (mit $-Zeichen), weil dieser Bereich als Suchbereich für alle Mitarbeiter gleich ist und sich beim Kopieren nicht ändern darf. Somit muss in der Zelle C5 folgende Formel stehen: =SVERWEIS(B5;$F$4:$G$10;2).

Berechnung der Provision:
In Spalte D wird der Umsatz multipliziert mit dem in Spalte G gefundenen und in Spalte C „abgelegten" %-Wert, also
B5 mal C5 : =B5*C5.

TO DO

- Vollziehen Sie die Rechnung in einer eigenen Excel-Tabelle nach. In die grauen Kästchen werden ausschließlich Formeln eingetragen.
- Speichern Sie Ihre Rechnung unter *Verweis-Funktionen* ab.

TO DO

- Berechnen Sie Ihre Noten in Abhängigkeit von der möglichen und der erreichten Punktzahl.
- Falls bekannt, nutzen Sie die prozentuale Punkteverteilung Ihrer Schule, ansonsten die folgende:
  100,0–92 ▷ Note 1
  91,5–82 ▷ Note 2
  81,5–69 ▷ Note 3
  68,5–50 ▷ Note 4
  49,5–39 ▷ Note 5
  weniger als 39 Punkte ▷ Note 6
- Speichern Sie die Übung unter *Zensurenberechnung* ab.

WVERWEIS

Die Funktion in C4 heißt SVERWEIS, weil im Suchbereich zuerst *senkrecht* gesucht wird. Im folgenden Beispiel ist der Suchbereich anders aufgebaut, hier muss dann die Funktion WVERWEIS angewendet werden: Es wird erst *waagerecht* gesucht, in welchem Bereich sich der Betrag von 87.000 € befindet, anschließend senkrecht der dazugehörige Prozentsatz ermittelt.

	I	J	K	L	M	N	O	P
1	**Provisionstabelle**							
2	Umsatz	0	25000	50000	75000	100000	125000	150000
3	Prov. Satz	0%	2%	4%	6%	8%	10%	12%

Die Formel in C5 müsste jetzt heißen: =WVERWEIS(B5;$J$2:$P$3;2).

TO DO

- Übertragen Sie die Provisionstabelle für die WVERWEIS-Funktion. Verändern Sie die Formel in der Berechnung.
- Speichern Sie die Datei erneut unter *Verweis-Funktionen* ab.

4.10 Diagrammerstellung

Allgemeines

Ein weiteres Feature von Excel ist die Diagrammerstellung. Zahlenverhältnisse, Tendenzen und Zusammenhänge lassen sich damit schnell veranschaulichen.

Der Diagramm*typ* hängt von dem vorliegenden Zahlenmaterial ab: Kreisdiagramme eignen sich für alle Berechnungen, die sich auf ein Ganzes beziehen, zum Beispiel prozentuale Kostenanteile und Zusammensetzungen von Lebensmitteln; Säulendiagramme verdeutlichen Vergleiche und Entwicklungen; Liniendiagramme zeigen beispielsweise Geschäftsentwicklungen über einen längeren Zeitraum.

Die Tabellendaten und das Diagramm sind miteinander verknüpft, so dass eine Änderung der Tabellendaten automatisch eine Aktualisierung des Diagramms bewirkt.

Erstellung

Die grafische Aufbereitung von Zahlen einer Excel 2010-Tabelle als Diagramm ist in dem Register *Einfügen/Diagramme* sehr komfortabel.

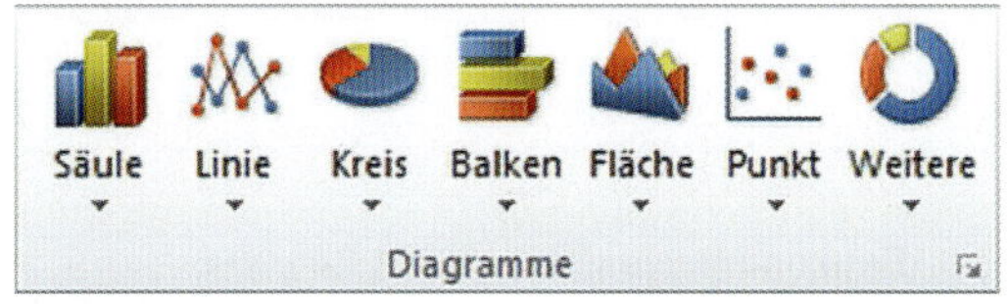

Arbeitsschritte:

- ▶ Berechnungen in einer Tabelle durchführen
- ▶ Tabelle formatieren
- ▶ Den Bereich, der als Diagramm dargestellt werden soll, markieren (der Bereich muss nicht zusammenhängen)
- ▶ Register *Einfügen/Diagramme*
- ▶ Diagrammtyp auswählen
- ▶ Im Register *Diagrammtools* Diagramm formatieren

Ausrichten

Bewegen Sie den Mauszeiger über das Diagramm, können Sie es mit gedrückter Maustaste verschieben. Die Größe lässt sich durch Anklicken der Ränder oder Ecken einstellen.

Möchten Sie das erstellte Diagramm als eigenes Tabellenblatt darstellen, sind folgende Arbeitsschritte notwendig:

- ▶ Diagramm markieren
- ▶ Register *Diagrammtools – Entwurf/Ort*
- ▶ Schaltfläche *Diagramm verschieben*

TO DO

- Erstellen Sie einen Angebotsvergleich. Berechnen Sie die Preise der einzelnen Anbieter in €/m².
- Stellen Sie den Vergleich in einem Diagramm dar.
- Speichern Sie die Übung unter *Angebotsvergleich* ab.

	A	B	C	D
1		Angebotsvergleich		
2				
3		Makler	Baugesellschaft	Architekt
4	Brutto-Fläche in m²	124	124	124
5	Angebotspreis in €	386.880,00	369.520,00	363.444,00
6	Preis in €/m²			

Lösungsweg:

1. Schreiben Sie die nebenstehenden Daten ab.
2. Berechnen Sie in Zeile 6 den geforderten Preis. Zum Vergleich die Lösung:

3.120,00	2.980,00	2.931,00

3. Markieren Sie die Zellen B3 bis D3; halten Sie die Strg-Taste und markieren Sie die Zellen B6 bis D6.
4. Register *Einfügen/Diagramme/Säule*
5. Wählen Sie die erste 3D-Säule.
6. Es ist ein Diagramm entstanden, das nun formatiert werden kann.
7. Löschen Sie zunächst nur die Legende (Anklicken + Entfern-Taste).
8. Speichern Sie die Datei unter *Angebotsvergleich* ab.

Diagramm löschen

- Diagramm markieren
- Entf-Taste

Beschriftungen

Diagrammelemente bearbeiten

Eine genaue Beschriftung von Diagrammen ist notwendig. So sollten Titel, Achsenbeschriftungen und Legenden kurz und treffend sein. Die notwendigen Tools finden Sie im Register *Tabellentools – Layout/Beschriftung.*

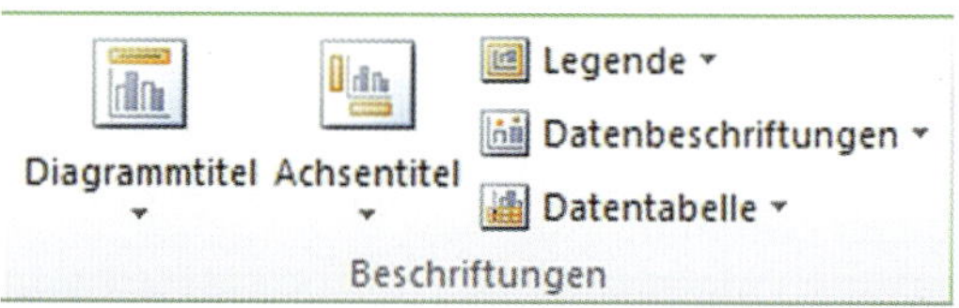

Die Handhabung ist einfach und mit den entsprechenden Symbolen selbsterklärend.

Erst markieren, dann auswählen!

Diagramme richtig markieren

	A	B	C	D
1	**Baukosten gesamt:**		**2.761.244,00 €**	
2				
3	Grundstück		929.674,00 €	34%
4	reine Baukosten		1.268.010,00 €	46%
5	Erschließungskosten		84.534,00 €	3%
6	Kosten der Außenanlagen		140.890,00 €	5%
7	Baunebenkosten		338.136,00 €	12%

Falsch markiert

Es dürfen nur die Zellen in Spalte A markiert werden, weil der Text in diesen Zeilen geschrieben wurde und die Zellen in Spalte B lediglich verdecken. Sie merken es, wenn beim Diagramm eine zweite leere Datenreihe angezeigt wird.

	A	B	C	D
1	**Baukosten gesamt:**		**2.761.244,00 €**	
2				
3	Grundstück		929.674,00 €	34%
4	reine Baukosten		1.268.010,00 €	46%
5	Erschließungskosten		84.534,00 €	3%
6	Kosten der Außenanlagen		140.890,00 €	5%
7	Baunebenkosten		338.136,00 €	12%

Richtig markiert

Obwohl Textbereiche in den Spaltenbereich B hineinragen, erkennt Excel den markierten Bereich richtig, denn die Texte wurden in Zellen der Spalte A geschrieben.

Diagrammelemente bearbeiten

Im Register *Diagrammtools Entwurf, Layout* und *Format* findet man alle erforderlichen Einstellmöglichkeiten. Leichter geht es mit dem Doppelklick auf das zu formatierende Diagrammteil. In der folgenden Dialogbox können Sie Ihre Einstellungen vornehmen.

Tabelle 4.7 Diagramme formatieren

Diagrammtitel einfügen	*Diagrammtools – Layout/Beschriftungen ▷ Diagrammtitel*	Diagrammtitel
Achsenbeschriftung einfügen	*Diagrammtools – Layout/Beschriftungen ▷ Achsentitel*	Achsentitel
Legende einfügen	*Diagrammtools – Layout/Beschriftungen ▷ Legende*	Legende
genaue Werte den Diagrammteilen zuordnen	*Diagrammtools – Layout/Beschriftungen ▷ Datenbeschriftungen*	Datenbeschriftungen
Diagrammart verändern	*Diagrammtools – Entwurf/Typ ändern ▷ Diagrammtyp ändern*	Diagrammtyp ändern

farbliche Gestaltung: Segmente	***Segment(e) auswählen, Doppelklick*** *▷ Füllung* *▷ Rahmenfarbe*	
farbliche Gestaltung: Hintergrund	***Diagrammhintergrund, Zeichnungsfläche doppelt anklicken*** *▷ Füllung* ***oder*** *Diagrammtools – Format/Formenarten* *▷ Fülleffekt* *▷ Formkontur*	Fülleffekt ▾ Formkontur ▾
Schriftarten/ Schriftgrößen einstellen	***Achsen, Titel, Legende markieren*** *Start/Schriftart*	
Diagramm vergrößern/ verkleinern	***Diagrammecken verschieben*** ***oder*** *Diagrammtools – Entwurf/Ort* *▷ Diagramm verschieben* *▷ Neues Blatt*	Diagramm verschieben Ort
zusätzliche Elemente einfügen (Bilder, geometrische Formen, Textfelder)	*Diagrammtools – Layout/Einfügen* *▷ Grafik* *▷ Formen* *▷ Textfeld*	Grafik Formen ▾ Textfeld Einfügen

TO DO

Stellen Sie die Baukosten in Euro aus der vorhergehenden Übersicht in einem Säulendiagramm dar.

- Fügen Sie Titel und Achsenbeschriftungen ein.
- Überlegen Sie, ob eine Legende sinnvoll ist.
- Formatieren Sie jede Säule in einer anderen Farbe.

Stellen Sie nun die prozentuale Aufteilung der Baukosten in einem geeigneten Diagramm gegenüber.

- Fügen Sie eine Datenbeschriftung ein.
- Gestalten Sie das Diagramm farblich.
- Speichern Sie diese Übung unter *Baukosten* ab.

TO DO

Bei der Bundestagswahl 2010 wurden folgende Sitze verteilt:

CDU/CSU	239
SPD	146
FDP	93
Linke	76
Grüne	68

- Berechnen Sie die Sitzverteilung in Prozent.
- Stellen Sie die Sitzverteilung in einem Diagramm dar.
- Speichern Sie die Datei unter *Bundestagswahl 2010* ab.

4.11 Nützliche Befehle

Dateien löschen

Wenn Sie eine oder mehrere Dateien löschen wollen, müssen Sie nicht in den Explorer wechseln:
- ▶ Register *Datei* ▷ *Öffnen*
- ▶ zu löschende Dateien markieren
- ▶ Entf-Taste

Datei umbenennen

Falls Sie sich bei der Vergabe des Dateinamens vertippt haben, können Sie auch außerhalb des Explorers eine Korrektur durchführen:

- ▶ Register *Datei* ▷ *Öffnen*
- ▶ zu löschende Dateien mit rechtem Mausklick markieren
- ▶ Umbenennen
- ▶ Namen ändern

Zellen ein- und ausblenden

Bei langen Tabellen fehlt irgendwann der Kopf der Tabelle, so dass man nicht mehr weiß, in welcher Spalte man etwas eintragen muss. In solch einem Fall blendet man die Zeilen, die man gerade nicht benötigt, einfach aus.

Beispiel: Die Zeilen 8 bis 35 sollen erst ausgeblendet, nach Fertigstellung der Berechnung wieder eingeblendet werden.

Zeile 8 bis 35 **ausblenden**
- ▶ Zeile 8 bis 35 markieren
- ▶ rechter Mausklick
- ▶ *Ausblenden*

Zeile 8 bis 35 **einblenden**
- ▶ Zeile 7 bis 36 markieren
- ▶ rechter Mausklick
- ▶ *Einblenden*

Ebenso können Sie auch das Register *Start/Zellen/Format/Ausblenden & Einblenden* verwenden.

Spalten ein- und ausblenden

Zum Ein- und Ausblenden der Spalten, markieren Sie die entsprechenden Spalten. Ansonsten verfahren Sie wie beim Zeilenein- und ausblenden.

Fenster teilen

Den gleichen Zweck wie Zeilen/Spalten ausblenden erfüllt auch die Möglichkeit, das Fenster zu teilen. Anschließend kann man in jedem Ausschnitt einen getrennten Bildlauf durchführen und auf diese Weise Anfang und Ende der Tabelle gleichzeitig betrachten.

Fensterteiler

- ▶ Fensterteiler in den Bildlaufleisten auf die gewünschte Position ziehen.

oder
- ▶ Register *Ansicht*
- ▶ Gruppe *Fenster*
- ▶ Symbol Teilen

Die Tabelle wird in vier Sichtbereiche eingeteilt. Diese Aufteilung kann mit Hilfe der Fensterteiler verändert werden.

Überschriften fixieren

Scrollt man bei größeren Tabellen nach unten oder nach rechts, verschwindet die Überschrift aus der Anzeige und man verliert den Überblick. Abhilfe schafft die Funktion *Überschriften fixieren*.

Überschriften fixieren
- ▶ Überschrift anzeigen
- ▶ Register *Ansicht/Fenster/Fenster einfrieren*
- ▶ *Oberste Zeile einfrieren*

oder
- ▶ *Erste Spalte einfrieren*

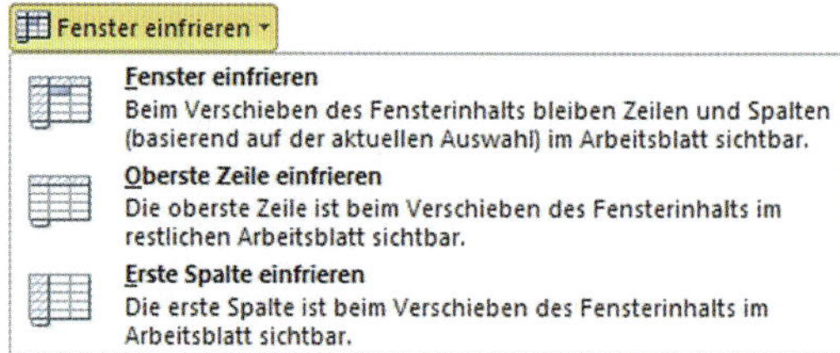

Fixierung auflösen

▶ Register *Ansicht/Fenster/Fenster einfrieren*
▶ *Fixierung aufheben*

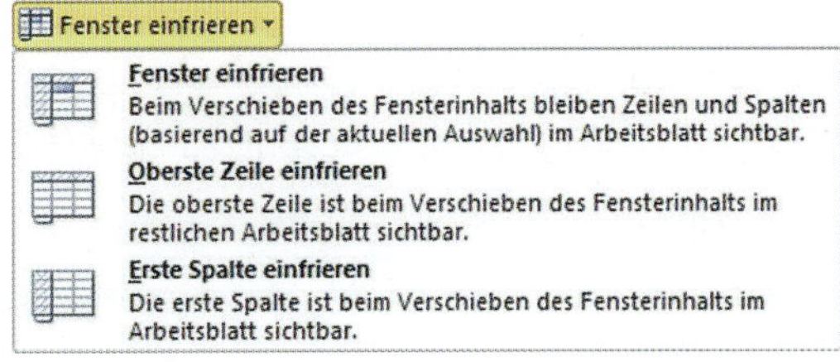

Neues Tabellenblatt

Shift + F11 oder im Tabellenregister Schaltfläche anklicken

Tabellenblatt umbenennen

▶ Im Tabellenregister Rechtsklick auf ein Tabellenblatt
▶ *Umbenennen*
▶ Namen eingeben

Format übertragen

Eine Zelle soll das Format einer anderen Zelle erhalten, zum Beispiel kursiv geschrieben und farbig hinterlegt:

▶ In die formatierte Zelle, deren Format übertragen werden soll, klicken.
▶ Register *Start/Zwischenablage* ▷ *Format übertragen*
▶ In die Zelle, die formatiert werden soll, klicken.

Soll das Format auf mehrere nicht zusammenhängende Zellen übertragen werden, muss das Pinselsymbol mit einem Doppelklick aktiviert werden. Nach Abschluss der Aktion wieder deaktivieren.

Alle Formeln anzeigen

Wollen Sie sich alle Formeln anzeigen lassen, drücken Sie die Tastenkombination Alt + M + O. Halten Sie die Alt-Taste, während Sie nacheinander Taste M und Taste O drücken.

Sprung zur 1. Zelle

Irgendwie sind Sie in der Zeile 5364 gelandet? Mit der Tastenkombination Strg + Pos1 gelangen Sie an den Tabellenanfang.

Tabelle passt nicht auf Seite

Im Register *Seitenlayout/Seite einrichten* können Sie die Seitenränder und die Ausrichtung des Tabellenbalttes einstellen.

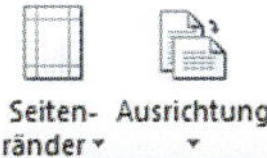

4.12 Finanzmathematische Funktionen

Bin ich schon Millionär? Kann ich ein Auto oder ein Haus bar bezahlen? In solchen Fällen ist es gut, wenn man einen Plan über Finanzierung oder Abzahlung aufstellen kann. Dazu gibt es verschiedene Möglichkeiten:

- Rechnen mit Prozenten
- Rechnen mit der Funktion =RMZ()

Verwenden Sie die Funktion mit der folgenden Syntax: =RMZ(<Zins>;<Zzr>;<Bw>)

Zins Zinssatz pro Jahr
Zzr Anzahl der Zahlungsmonate
Bw Kreditbetrag

Die Funktion kann mit den folgenden Argumenten erweitert werden:

Zw Der zukünftige Wert (Endwert) oder der Kassenbestand, den Sie nach der letzten Zahlung erreicht haben möchten
F Kann den Wert 0 (Zahlung am Ende des Monats) oder 1 (Zahlung am Anfang des Monats) annehmen.

TO DO

Sie bekommen für einen Kredit folgendes Angebot:
Höhe 15.000 €, Zinsatz 7 %, Laufzeit 36 Monate. Wie hoch ist die monatliche Belastung?

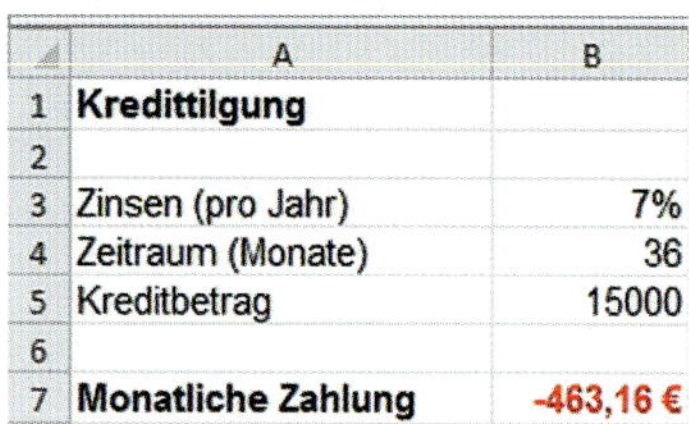

	A	B
1	**Kredittilgung**	
2		
3	Zinsen (pro Jahr)	7%
4	Zeitraum (Monate)	36
5	Kreditbetrag	15000
6		
7	**Monatliche Zahlung**	**-463,16 €**

	A	B
1	**Kredittilgung**	
2		
3	Zinsen (pro Jahr)	7
4	Zeitraum (Monate)	36
5	Kreditbetrag	15000
6		
7	**Monatliche Zahlung**	**=RMZ(B3/12;B4;B5)**

Hinweis:
Zinssätze werden in der Regel als jährlicher Zinssatz angegeben. Deshalb ist dieser durch die Anzahl der Monate zu dividieren.

TO DO

Rainer Klever möchte in zehn Jahren 40.000 € ansparen. Er besitzt ein Anfangskapital von 2.000,00 €. Wie viel muss er bei einem Zinssatz von 3,5 % monatlich zahlen, um dieses Ziel zu erreichen?

	A	B
1	**Sparen**	
2		
3	Zinsen (pro Jahr)	3,5%
4	Laufzeit in Jahren	10
5	Anfangskapital	- 2.000,00 €
6	Endkapital	40.000,00 €
7		
8	**Monatliche Zahlung**	**-259,10 €**

	A	B
1	**Sparen**	
2		
3	Zinsen (pro Jahr)	3,5
4	Laufzeit in Jahren	10
5	Anfangskapital	-2000
6	Endkapital	40000
7		
8	**Monatliche Zahlung**	**=RMZ(B3/12;B4*12;B5;B6)**

Hinweis:
Anfangskapital und Ergebnis werden als Minusbeträge ausgewiesen, weil sie zu zahlende Beträge darstellen.

TO DO

Max Gernegroß hat bei einer Bank einen Kredit von 40.000 € zu 5,5 % erhalten. Laut Vertrag muss der Kredit nach zwei Jahren getilgt sein. Wie hoch sind die Zahlungen, die am Anfang eines jeden Monats abgebucht werden?

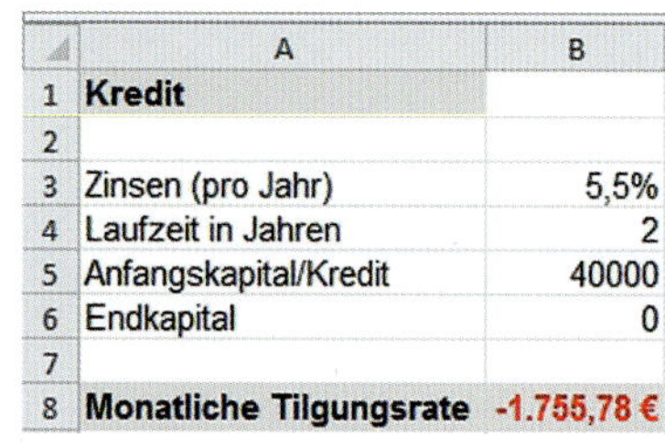

	A	B
1	**Kredit**	
2		
3	Zinsen (pro Jahr)	5,5%
4	Laufzeit in Jahren	2
5	Anfangskapital/Kredit	40000
6	Endkapital	0
7		
8	**Monatliche Tilgungsrate**	**-1.755,78 €**

	A	B
1	**Kredit**	
2		
3	Zinsen (pro Jahr)	5,5
4	Laufzeit in Jahren	2
5	Anfangskapital/Kredit	40000
6	Endkapital	0
7		
8	**Monatliche Tilgungsrate**	**=RMZ(B3/12;B4*12;B5;B6;1)**

Hinweis:
Die Fälligkeit gibt an, ob die regelmäßige Zahlung am Anfang (Argument = 1) oder am Ende (Argument = 0) erfolgt.

4.13 Datenbanken

Allgemeines

Bis jetzt haben Sie mit Excel-Tabellen nur Rechnungen durchgeführt. Einige dieser Berechnungen wurden danach als Diagramm dargestellt. Excel kann aber noch mehr: Datenbanken dienen zum Speichern von Informationen in einheitlicher Form (Adresslisten, Warenverwaltungen etc.). Eine Datenbank hilft aber auch beim Organisieren und Auswerten. Schnell haben Sie all jene Informationen herausgefiltert, die Sie aktuell benötigen.

Begriffe

	A	B	C	D	E	F	G	H
1	**Firmenadressen**							
2								
3	Name	Straße	PLZ	Ort	Telefon	Fax	←	Feldnamen
4	Hinz & Co	Erster Weg 3	12345	Hintertupfingen	09487-64738	09487-64739		
5	Kunz und Kurz	Marktplatz 48	15267	Obenauf	05533-41627	05533-41628	←	Datensatz
6	Knäusrig KG	Pfennigstr. 18	54321	Klein-Kleckersdorf	04637-74630	04637-74631		
7	Reich GmbH	Hauptstr. 24	97365	Glückstadt	0721-6493	0721-6494 ←		Datenfeld

Feldnamen = Spaltenüberschriften
Datensatz = alle Angaben in einer Zeile
Datenfeld = eine einzelne Zelle
Liste = die komplette Tabelle

TO DO

Erstellen Sie die folgende Datenbank:

	A	B	C	D	E	F
1	**Firmenstammdaten**					
2						
3	Name	Vorname	Geschlecht	Personalnummer	Abteilung	Status
4	Klahr	Maria	w	3748	Vertrieb	Mutterschutz
5	Benz	Peter	m	8576	Personal	Vollzeit
6	Dörfinger	Britta	w	4859	Personal	Vollzeit
7	Glunk	Frida	w	6473	Vertrieb	Vollzeit
8	Tafel	Willi	m	3849	Gestaltung	Vollzeit
9	Schwab	Tim	m	9675	Transport	Halbzeit
10	Koch	Thomas	m	6473	Transport	Vollzeit
11	Kurz	Tim	m	2659	Vertrieb	Lehrling
12	Oster	Tom	m	6439	Gestaltung	Vollzeit
13	Perenz	Fridrich	m	9475	Transport	Vollzeit
14	Andel	Wanda	w	9873	Personal	Halbzeit

- Speichern Sie Ihre Datenbank unter *Firmenstammdaten* ab.

Datensatz entfernen

Nicht erwünschte bzw. überflüssige Zellen und Spalten können Sie wie gewohnt löschen:
- ▶ Zeilenkopf/Spaltenkopf markieren
- ▶ Rechtsklick
- ▶ *Zellen löschen*

Datensätze sortieren

Wenn man eine Liste neu erstellt, schreibt man meist in alphabetischer Reihenfolge. Sobald aber Datensätze hinzukommen oder gelöscht werden, ist es mit der Ordnung vorbei. Zwar kann man durch Einfügen von Zeilen die Adressen an der richtigen Stelle einsetzen, doch das ist zeitaufwendig und fehleranfällig. Also einfach unten dranhängen und von Excel sortieren lassen:

- ▶ Cursor in die Spalte setzen, die sortiert werden soll.
- ▶ Register *Start/Bearbeiten*
- ▶ Symbol *Sortieren und Filtern*
- ▶ Sortierung aussuchen

oder

- ▶ Cursor in die Spalte setzen, die sortiert werden soll.
- ▶ Register *Daten/Sortieren und Filtern*
- ▶ Schaltfläche auswählen A↓Z Z↓A

Datensatz suchen

Sie suchen die Adresse der Firma Hinz?

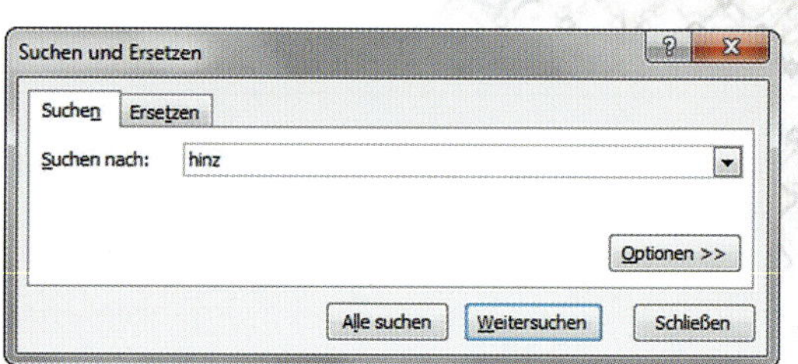

- ▶ Register *Start/Bearbeiten*
- ▶ Symbol *Suchen und Auswählen* (Suchen und Auswählen)
- ▶ Suchen (Suchen...)
- ▶ Suchbegriff eingeben
- ▶ Schaltfläche *Weitersuchen*

TO DO

- Sortieren Sie die Datenbank *Firmenstammdaten* nach unterschiedlichen Gesichtspunkten.
- Suchen Sie Herrn Koch in der Datenbank.
- Geben Sie als „Suchbegriff" nur den Buchstaben K ein. Wie viele Datensätze werden herausgesucht?

Datensätze filtern

Mit Hilfe von Filterfunktionen lassen sich Datensätze nach bestimmten Kriterien auswählen. Die nicht den Kriterien entsprechenden Datensätze werden ausgeblendet.

Die Filterfunktion aktivieren:

- ▶ Setzen Sie den Cursor in die Tabelle.
- ▶ Register *Daten / Filtern und Sortieren*
- ▶ Schaltfläche *Filtern*
- ▶ Neben jedem Feldnamen erscheint ein Auswahlpfeil ▼

	A	B	C	D	E	F
1	Firmenstammdaten					
2						
3	Name ▾	Vorname ▾	Geschlecht ▾	Personalnummer ▾	Abteilung ▾	Status ▾
4	Andel	Wanda	w	9873	Personal	Halbzeit
5	Benz	Peter	m	8576	Personal	Vollzeit

TO DO

Stellen Sie die Filterfunktion in der Datenbank *Firmenstammdaten* ein. Lassen Sie sich alle Personen anzeigen, die in der Personalabteilung arbeiten:

- Klicken Sie auf den Auswahlpfeil neben dem Feldnamen Abteilung.
- Haken bei *Alles auswählen* deaktivieren
- Haken bei *Personal* setzen
- Schaltfläche OK

Es werden nur noch die Personen aus der Personalabteilung angezeigt. Das Filtersymbol im Auswahldreieck zeigt an, dass die Datenbank gefiltert ist.

Filter rückgängig machen

- ▶ Klicken Sie auf den Auswahlpfeil und wählen Sie *Alles auswählen.*

Oder:

- ▶ Heben Sie die Anwendung des Filters durch Drücken des „Filtern"-Symbols auf.

TO DO

- Stellen Sie die Filterfunktion in der Datenbank *Firmenstammdaten* ein.
- Lassen Sie sich alle Männer anzeigen, die Vollzeit arbeiten. Stellen Sie dazu beide Kriterien nacheinander ein.
- Heben Sie die Anwendung des Filters durch das Anklicken des Symbols *Filtern* auf.

5 Vorträge und Präsentationen erstellen mit Microsoft PowerPoint

5.1 Gestaltung einer Präsentation

Allgemeines

Die Präsentation unterscheidet sich von einem herkömmlichen Vortrag insbesondere durch den funktionellen Einsatz der Medien.

Präsentieren bedeutet Informationsvermittlung, bei der die Wahrnehmungsmöglichkeiten der Zuhörer ausgenutzt werden. Eine gestalterisch geschickte Präsentation erhöht die Aufmerksamkeit der Zuhörer und damit die Effektivität des Vortrags.

Einsatzbereiche

Einige Einsatzbereiche:

- in Konferenzen und Meetings: zur Vermittlung von Neuerungen, für Planungsstrategien, Ergebnisbesprechungen, Projektberichte
- für Produktpräsentationen
- für Firmenpräsentationen
- Vorstellen von Diplomarbeiten

Grundsätze

Fünf Eckpunkte sind für den Ablauf einer guten Präsentation entscheidend:

KISS – Keep It Short and Simple

- wenig Text
- klare Überschriften
- Medien gezielt einsetzen
- bei Aufzählungen u. Ä. nicht mehr als sieben Stichpunkte pro Folie
- Demos und Beispiele

Vorbereitung
Gliederung des Vortrags
Präsentation
KISS (Keep It Short and Simple)
Nachbereitung
Publikum beachten

Abb. 5.1 Grundsätze für eine Präsentation

Publikum beachten

- Inhalte teilnehmerbezogen aufarbeiten
- Blickkontakt zum Publikum
- Stehen
- Körperhaltung, Mimik, Gestik und Lautstärke sowie Tempo beachten
- Denkpausen fürs Publikum einlegen
- langsames und freies Reden, evtl. mit Stichwortzettel
- Dialekt beachten
- lebendig, aber nicht hibbelig wirken
- Füllwörter wie „äh" und „mh" möglichst, aber nicht krampfhaft vermeiden

Nachbereitung

- Aufräumen und Einpacken aller Utensilien
- Rückmeldungen entgegennehmen
- Fehler (in Folienfolgen, Rechtschreibung) sofort notieren und schnellstmöglich korrigieren

Präsentationsmedien

Abb. 5.2 Whiteboard

Der gezielte Einsatz von Medien soll einen Vortrag unterstützen. Im Mittelpunkt steht aber immer der Vortragende selbst. In der Praxis haben sich drei Präsentationsmedien durchgesetzt:

Whiteboard (Tafel): zur Entwicklung von Prozessen mit den Zuhörern, Brainstorming usw.
Vorteile: Fehler können sofort korrigiert werden; Tafel ist magnetisch, vorgefertigte Texte, Zeichnungen können angebracht werden.
Nachteile: umständlich zu transportieren; das Schreiben auf der Tafel sollte geübt werden (Platzeinteilung, Lesbarkeit); Ergebnisse werden am Ende gelöscht.

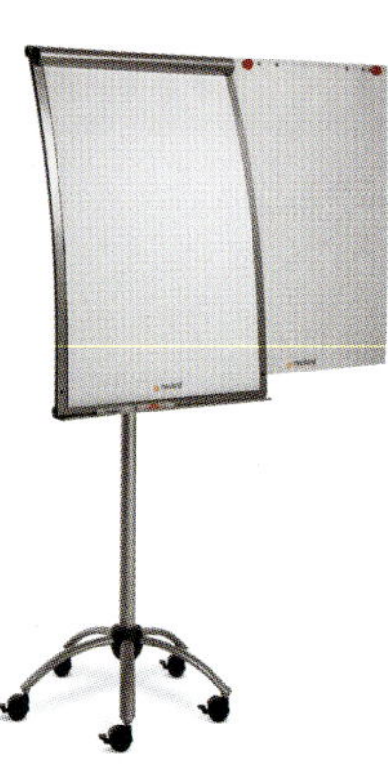

Abb. 5.3 Flipchart

Flipchart: übergroßer Papierblock
Vorteil: Das Geschriebene bleibt bestehen.
Nachteile: Vorgefertigte Texte und Bilder lassen sich schlecht befestigen; relativ groß; Ersatzpapier und -stifte müssen immer griffbereit sein.

Computer mit Beamer
Vorteile: Präsentationen können genau vorbereitet werden; das Einbinden von Bild-, Audio- und Videodateien ist problemlos möglich; Konzentration ist stärker auf das Publikum ausgerichtet.
Nachteile: Aufbau und Anschluss einer Anlage muss beherrscht werden; Entwicklungen vor Ort sind nur mit Vorkenntnissen zu den entsprechenden Programmen möglich.

Polylux: Tageslichtprojektoren sind heute kaum noch im Einsatz, da die erstellten Folien meist schnell veraltet sind.

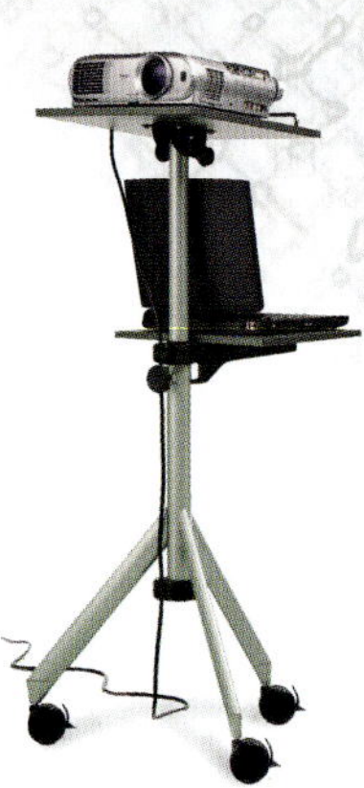

Abb. 5.4 Laptop mit Beamer

5.2 PowerPoint

Das bekannteste Präsentationsprogramm ist PowerPoint (PP) von Microsoft. Der Konzern schätzt, dass weltweit täglich 30 Millionen Präsentationen mit PP erstellt werden, sei es in Unternehmen, Organisationen oder privat.

Mit Hilfe von PowerPoint kann man tatsächlich einfach und schnell eindrucksvolle Präsentationen erstellen. Ein großes Plus des Programms ist es, dass die Funktionen und Menüs übersichtlich sind und sich nicht in komplizierte Untermenüs verzweigen.

Eine beliebte Funktion: Die erstellten Folien können verkleinert als Handreichung (Handout) ausgedruckt werden, so dass sich die Zuhörer mehr auf den Vortrag denn auf das Abschreiben der Folien konzentrieren.

PowerPoint starten

Gestartet wird das Programm PowerPoint mit einem Doppelklick auf das entsprechende Symbol auf dem Bildschirm.

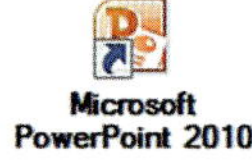

Beim Programmstart öffnet sich die folgende Oberfläche:

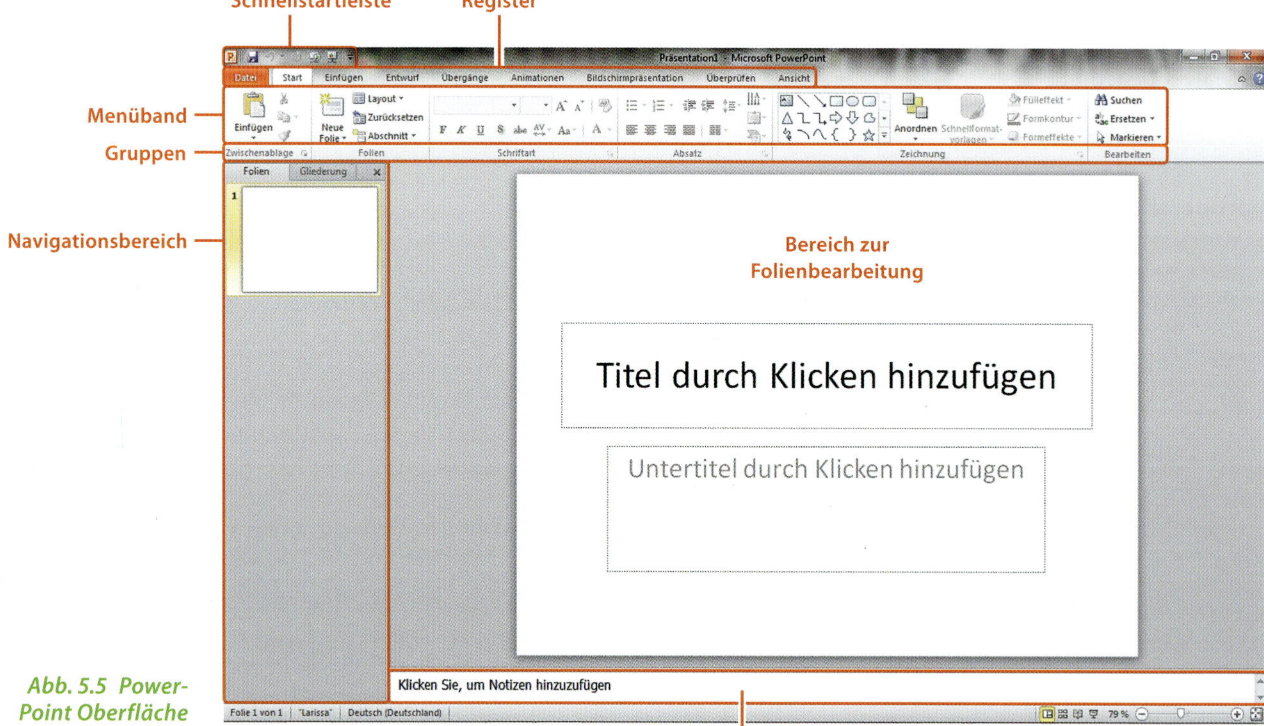

Abb. 5.5 PowerPoint Oberfläche

Erste Schritte mit PowerPoint

Die Texthalter auf den Folien können Sie löschen, wenn Sie …
- den Rahmen anklicken und
- die Entfernen-Taste drücken.

Alternative:
- Register *Start/Folien*
- Schaltfläche *Layout*
- *Leer*

Neue Folie erstellen	Register *Start/Folie/Neue Folie*	
Zeichenformatierung	Register *Start/Schriftart*	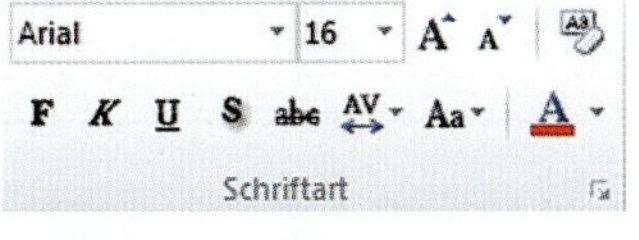
Absatzformatierung	Register *Start/Absatz*	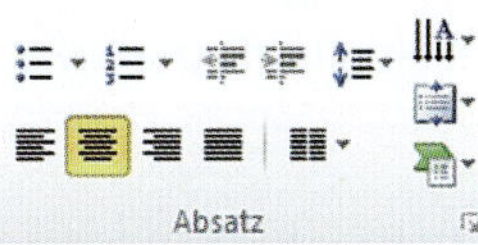
Festlegen einfacher Oberflächengestaltung (Layout)	Register *Start/Folien/Layout*	
einfache geometrische Formen zeichnen	Register *Start/Zeichnungen*	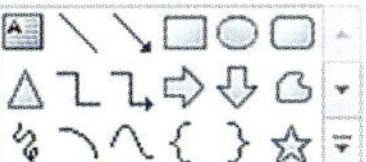
Präsentation starten	F5 oder: Register *Bildschirmpräsentation /Bildschirmpräsentation starten*	
Präsentation aus aktueller Folie starten	Shift + F5	
Präsentation beenden	Esc-Taste oder: Rechtsklick auf Folie und *Präsentation beenden*	

Präsentation speichern

Speichern Sie Ihre Präsentation wie gewohnt:
- Register *Start*
- *Speichern unter…*
- Laufwerk und Verzeichnis wählen
- Dateinamen eingeben
- Schaltfläche *Speichern*

Beim Speichern einer PowerPoint-Präsentation wird normalerweise die Dateiendung pptx angelegt. Das heißt, dass zum Starten der Präsentation diese extra mit der F5-Taste oder über das Menü Bildschirmpräsentation geöffnet werden muss.
Um eine Präsentation sofort mit dem Öffnen der Datei zu starten, wählen Sie nach der Eingabe des Dateinamens den Dateityp: *PowerPoint Bildschirmpräsentation (*.ppsx)*

TO DO

Ergänzen Sie das Arbeitsblatt *Powerpoint* so weit wie möglich und verwenden Sie es für die Lösung aller weiteren Aufgaben.

Register *Einfügen*

Das Register *Einfügen* enthält alle Funktionen, um Texte, Bilder, Zeichnungen und Grafiken auf Folien zu platzieren. Das Register ist so selbsterklärend aufgebaut, dass sich weitere Erläuterungen erübrigen.

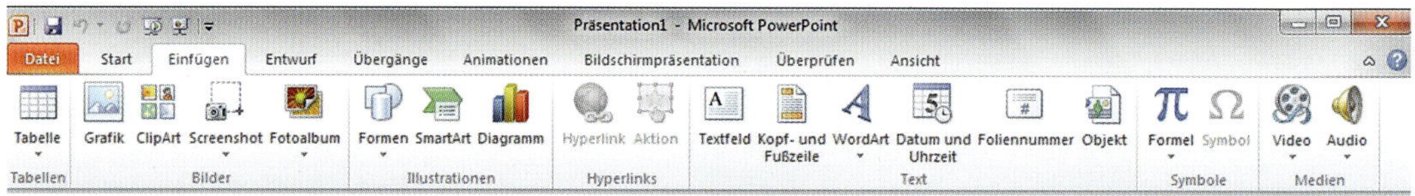

PowerPoint bietet die Möglichkeit, Bild-, Audio- und Videodateien einzubinden, um eine Präsentation vielfältig und attraktiv zu gestalten.

Notizenbereich

In den Notizenbereich können Sie Anmerkungen zu den Folien machen, die als Gedächtnisstütze dienen und nicht auf der Folie erscheinen sollen. Diese Notizen lassen sich ebenfalls ausdrucken.

5.3 Folien organisieren

Foliengestaltung

Folien sind kein Lesemedium! Sie sollen den Vortrag weder ersetzen noch vervielfachen, sondern sinnvoll ergänzen. Die Folien werden eingesetzt, um Informationen zu veranschaulichen.

Tipps zur Foliengestaltung:

- einheitliches Folienlayout verwenden
- ein Gedanke je Punkt (Telegrammstil)
- maximal acht Zeilen je Folie
- Schrift fett und mindestens 16 bis 24 pt.
- einheitliche Schriftart, z. B. Comic Sans, Tahoma, Arial
- Zeilenabstand: 1,5-zeilig
- keine Spielereien bei der Animation (Titel immer ohne Animation)
- sparsamer Umgang mit Farben und kontrastreiche Farbzusammenstellung
- Farbcodes verwenden und beibehalten

TO DO

Karl Gernegroß hat eine neue Stelle gefunden. Der Chef bittet ihn, eine Präsentation über sich selbst zu entwickeln und sich damit seinem neuen Team vorzustellen.

Inhalte:

- ▷ persönliche Daten
- ▷ Schulbildung
- ▷ Ausbildung
- ▷ Hobbys
- ▷ berufliche Wünsche und Ziele
- ▷ Einladung zum „Einstand"

- PowerPoint starten
- Geben Sie bei *Titel durch Klicken hinzufügen* ein:
  Karl Gernegroß
- Bei *Untertitel …* geben Sie ein:
  Ihr neuer Kollege
- Verschieben Sie den Namen etwas nach oben: Textrahmenmarkierung anklicken und mit gedrückter linker Maustaste verschieben.
- Formatieren Sie die Texte.
- *Neue Folie erstellen*
- Folienlayout: zwei Inhalte
- Im 1. Textfeld Symbol *Grafik* wählen und Grafik suchen

- Im 2. Textfeld: persönliche Angaben

Titel durch Klicken hinzufügen
Untertitel durch Klicken hinzufügen

→

Karl Gernegroß
Ihr neuer Mitarbeiter

Titel durch Klicken hinzufügen
- Text durch Klicken hinzufügen
- Text durch Klicken hinzufügen

→

Meine Person
- Berliner
- 30 Jahre alt
- Verheiratet
- 2 Kinder

- *Neue Folie erstellen*
- Folienlayout: Vergleich
- Angaben zu Ausbildung etc. einfügen

Titel durch Klicken hinzufügen
Text durch Klicken hinzufügen | Text durch Klicken hinzufügen
- Text durch Klicken hinzufügen
- Text durch Klicken hinzufügen

→

Ausbildung und Tätigkeiten

Ausbildung	Tätigkeiten
• Grundschule • Realschule • Schneiderlehre • Meisterausbildung	• 2 Jahre Männerschneiderei • 2 Jahre Schneider an Oper • 8 Jahre Abteilungsleiter in Schneiderei

- Drei weitere neue Folien erstellen
- Folienlayout: Titel und Inhalt

Titel durch Klicken hinzufügen
- Text durch Klicken hinzufügen

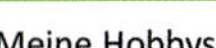

Meine Hobbys
- Entwerfen
- Historische Kostüme
- Computer
- Tauchen

Berufsziele
- Kenntnisse in der Maßschneiderei erweitern
- Spezialisierung auf Mittelalterkostüme
- Vorhandene Kenntnisse an Lehrlinge weitergeben

Danke fürs Zuhören
Einladung zu meinem Einstand

- Letzte Folie:
  Anstrich entfernen im Register *Start/Absatz* und *ClipArt* einfügen im Register *Einfügen/Bilder*
- Speichern Sie die Präsentation unter *Karl Gernegroß* ab.
- Starten Sie die Präsentation mit der Taste F5.

Folienansicht

Um alle Folien im Überblick anzuzeigen, wählen Sie im Register *Ansicht/Präsentationsansichten* die Schaltfläche *Foliensortierung*.

Folienhintergrund

Standardmäßig haben alle Folien zunächst einen weißen Hintergrund. Das PP-Angebot für die eigene Gestaltung ist sehr umfangreich.

Register *Entwurf*

Einstellen von …	Register *Entwurf*	
vorgefertigten Designs	*Designs* ▷ Schema auswählen	
Farben	*Hintergrund/Hintergrundformate/Hintergrund formatieren* ▷ einfarbige Füllung ▷ Symbol *Farbe*	Farbe:
Farbverläufen	*Hintergrund/Hintergrundformate/Hintergrund formatieren* ▷ *Farbverlauf* ▷ voreingestellte Farben oder Farbverläufe selbst erstellen	Voreingestellte Farben: oder Farbverlaufstopps Farbe Position: 46% Verlaufstopp anklicken und beim Symbol Farbe Auswahl treffen
Texturen	*Hintergrund/Hintergrundformate/Hintergrund formatieren* ▷ *Bild- oder Texturfüllung* ▷ Textur	Textur:
eigenen Bildern oder ClipArts	*Hintergrund/Hintergrundformate/Hintergrund formatieren* ▷ *Bild- oder Texturfüllung* ▷ Datei auswählen oder ClipArt auswählen	Einfügen aus: Datei… Zwischenablage ClipArt…
Mustern	*Hintergrund/Hintergrundformate/Hintergrund formatieren* ▷ *Musterfüllung* ▷ Muster und Farben einstellen	Vordergrundfarbe… Hintergrundfarbe:

Hintergrund wieder weiß *Hintergrund/Hintergrundformate/Hintergrund formatieren* ▷ Schaltfläche *Hintergrund zurücksetzen* Hintergrund zurücksetzen

Nach der Formatierung des Hintergrunds können Sie entscheiden, ob dieser nur für die aktuelle Folie verwendet oder für alle Folien übernommen werden soll.

Haben Sie sich für ein vorgefertigtes Design entschieden, wird dieses erst einmal automatisch bei allen Folien angewendet.

TO DO

- „Durchstöbern" Sie erst einmal die Möglichkeiten der Hintergrundgestaltung. Und suchen Sie sich dann einen passenden Hintergrund für die gesamte Präsentation aus.
- Speichern Sie die Datei unter *Karl Hintergrund* ab.

Folienübergänge

Sind die Folien fertig, kann bestimmt werden, in welcher Art und Weise die Folien nacheinander erscheinen sollen.

Wählen Sie im Register *Übergang* die Art des Wechsels zur aktuellen Folie. Es stehen diverse Folienübergänge zur Verfügung.

Wollen Sie den gewählten Folienübergang für die gesamte Präsentation nutzen, so wählen Sie nach der Auswahl im Register *Übergang/Anzeigedauer* die Schaltfläche Für alle übernehmen.

Neben den Folien im Navigationsbereich ist jetzt das Zeichen ☆ erschienen. Es besagt, dass ein Folienübergang gewählt wurde.

Dem Übergang kann ein Sound zugeordnet werden. Doch Vorsicht: Bei seriösen Präsentationen mit ernsthaftem Inhalt sollte darauf verzichtet werden, damit das Wesentliche nicht verloren geht. Sound: [Ohne Sound]

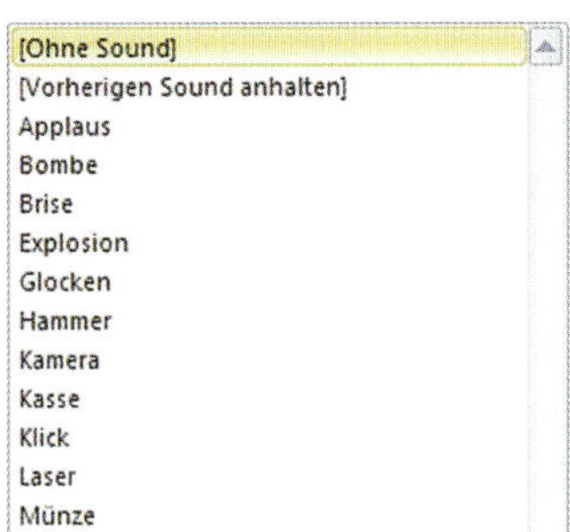

Einige Gestaltungsbeispiele:

Für Vorträge empfiehlt sich die Voreinstellung, dass die nächste Folie per Mausklick aufgerufen wird.

Möchten Sie allerdings Bilder o. Ä. einfach durchlaufen lassen, können Sie in der Gruppe *Anzeigedauer* einen automatischen Folienwechsel nach einer bestimmten Zeit einstellen; anschließend die Einstellung für alle Folien übernehmen.

Folien löschen

Um eine Folie zu löschen, markieren Sie diese und drücken Sie die Entf-Taste. Um mehrere Folien gleichzeitig zu markieren, halten Sie die Strg-Taste beim Markieren gedrückt.

Reihenfolge der Folien verändern

Die Reihenfolge von Folien können Sie verändern, indem Sie diese im Navigationsbereich oder in der Foliensortierung verschieben.

5.4 Folieninhalte gestalten

Einfache Zeichnungen erstellen

Ähnlich wie in Word und Excel stehen Ihnen zahlreiche Formen zur Verfügung.

Wählen Sie
- Register *Einfügen/Illustrationen*
- Symbol *Formen*
- Auswählen einer Form
- Form zeichnen
- Beschriftung sofort möglich (einfach losschreiben)

Formen

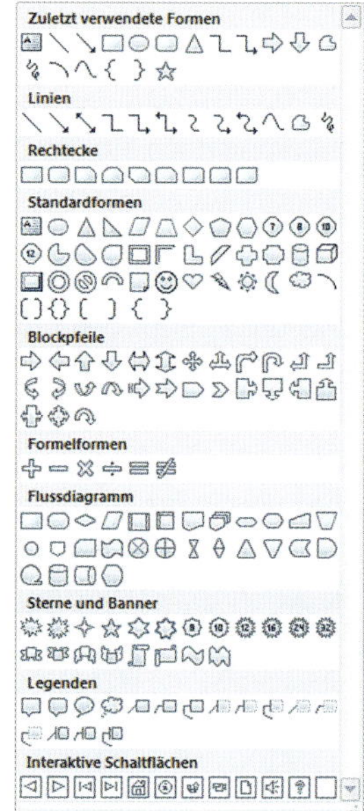

Je nach gewählter Form sind bis zu vier unterschiedliche Anfasspunkte rund um die Form angeordnet:

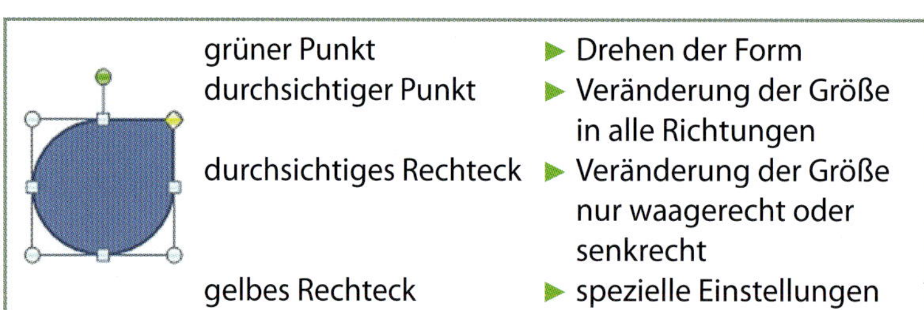

grüner Punkt	▶ Drehen der Form
durchsichtiger Punkt	▶ Veränderung der Größe in alle Richtungen
durchsichtiges Rechteck	▶ Veränderung der Größe nur waagerecht oder senkrecht
gelbes Rechteck	▶ spezielle Einstellungen

Mit einem Doppelklick auf die erstellte Form gelangen Sie in das Register *Zeichentools – Format*.

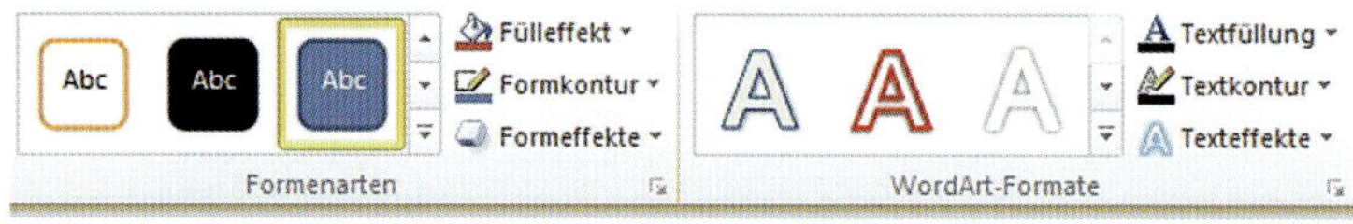

Hier können Sie Formen und Texte (Beschriftungen) formatieren.

Kopieren

Benötigen Sie bestimmte Elemente Ihrer Päsentation mehrmals, können Sie diese wie üblich über das entsprechende Register, den Rechtsklick oder die Tastenkombination kopieren. Am schnellsten geht es aber, wenn Sie das zu kopierende Objekt mit gehaltener Strg-Taste innerhalb der Folie an die gewünschte Stelle verschieben.

Markieren von Objekten

Manchmal ist es notwendig, mehrere Objekte zu markieren. Folgende drei Möglichkeiten stehen Ihnen zur Verfügung:
- Strg + A markiert alle Objekte der Folie
- Beliebige Stelle der Folie anklicken und Markierungsrahmen aufziehen. Alle Objekte, die sich vollständig im Markierungsrahmen befinden, werden markiert.

Oder:
- Erstes Objekt markieren und mit gedrückter Strg-Taste weitere Objekte anklicken.

Gruppieren

Wollen Sie mehrere Objekte gleichzeitig kopieren und später auch animieren, müssen Sie diese gruppieren:

- Alle Objekte, die Sie gruppieren wollen, markieren.
- Register *Zeichentools – Format/Anordnen*
- Gruppieren Gruppieren

In dem gleichen Register wird eine Gruppierung auch wieder aufgehoben:

- Gruppe markieren
- Register *Zeichentools – Format/Anordnen* Gruppieren
- Gruppieren Gruppierung aufheben
- Gruppierung aufheben

Reihenfolge verändern

Falls ein Objekt von einem anderen verdeckt wird, können Sie die Reihenfolge der Anordnung verändern:

- Objekt anklicken
- Register *Zeichentools – Format/Anordnen*
- Auswahlpfeil bei einer der beiden Varianten anklicken
  Ebene nach hinten oder Ebene nach vorne
- Auswählen

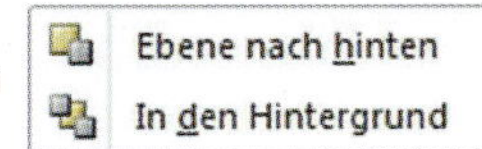

oder

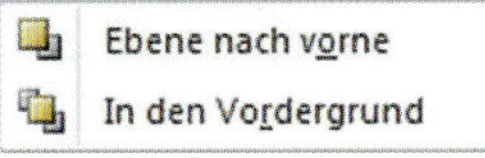

TO DO

Zeichnen Sie sich ein Maskottchen!

- Fügen Sie aus den vorgegebenen Formen ein Smiley ein.
- Färben Sie es gelb ein.
- Zeichnen Sie mit einer beliebigen Form eine Nase.
- Setzen Sie dem Smiley einen farbigen Hut auf (nicht schwarz);
- falls der Hut aus mehreren Teilen besteht, gruppieren Sie diese.
- „Setzen" Sie den Hut wieder ab und zeichnen Sie Haare ein.
- „Setzen" Sie den Hut wieder auf und ordnen Sie diesen im Vordergrund an.
- Gruppieren Sie die gesamte Zeichnung und verkleinern Sie diese auf etwa ¼ der Folie.
- Zeichnen Sie aus dem Menü *Sterne und Banner* das „Band nach oben" und gestalten Sie es farblich.
- Legen Sie Ihr Maskottchen auf das Banner.
- Passen Sie die Größen an.
- Gruppieren Sie beide Objekte.
- Gegebenfalls können Sie jetzt noch weitere „Verschönerungen" vornehmen.

Schaltflächen einfügen

Bei Vorträgen muss man nicht zwangsläufig die voreingestellte Folienreihenfolge abarbeiten. Per Schaltflächen kann man zu anderen Folien oder auch in andere Programme „springen". PowerPoint bietet mehrere voreingestellte Schaltflächen an:

- Register *Einfügen/Illustrationen*
- *Formen*
- Unter *Interaktive Schaltflächen* stehen Ihnen folgende zur Verfügung:

- Schaltfläche auswählen und aufziehen

- Im automatisch geöffneten Fenster können Sie nun einstellen, was passieren soll, wenn diese Schaltfläche angeklickt wird, zum Beispiel Wechsel auf eine bestimmte Seite, ein anderes Programm öffnen, eine weitere Datei öffnen …
- Auswahl mit OK bestätigen
- Eventuell Schaltfläche beschriften

Falls Sie das Fenster zu schnell weggeklickt haben oder die Angaben ändern möchten:

Aktion

- Objekt markieren
- Register *Einfügen/Hyperlinks*
- Symbol *Aktion*

Hyperlinks

Für Verknüpfungen können Sie auch die Funktion *Hyperlink* verwenden:

Hyperlink

- Vorhandenes Objekt anklicken
- Register *Einfügen/Hyperlinks*
- Symbol *Hyperlink*
- Einstellungen vornehmen, zum Beispiel mit Folien innerhalb der aktuellen Datei verknüpfen, Link ins Internet …
- Mit OK bestätigen

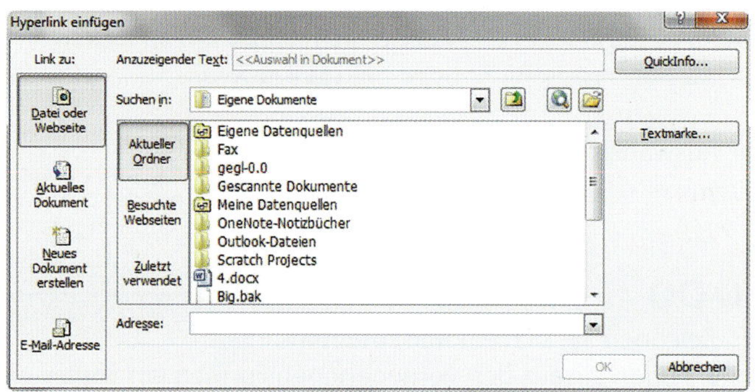

Animationen einstellen

Allen Objekten, Zeichnungen, Bildern und Texten können Animationen zugewiesen werden. In PowerPoint begibt man sich dazu in das Register *Animationen*.

Mögliche Einstellungen: Art, Geschwindigkeit, Zeitpunkt des Startens, Wiederholungen, Sound usw. Tipp: Gehen Sie sehr überlegt und eher sparsam mit Animationen um!

Markieren Sie das zu animierende Objekt und wählen Sie im Register *Animationen/Animation* eine passende Bewegung aus. Dabei ist zwischen vier Kategorien zu unterscheiden:

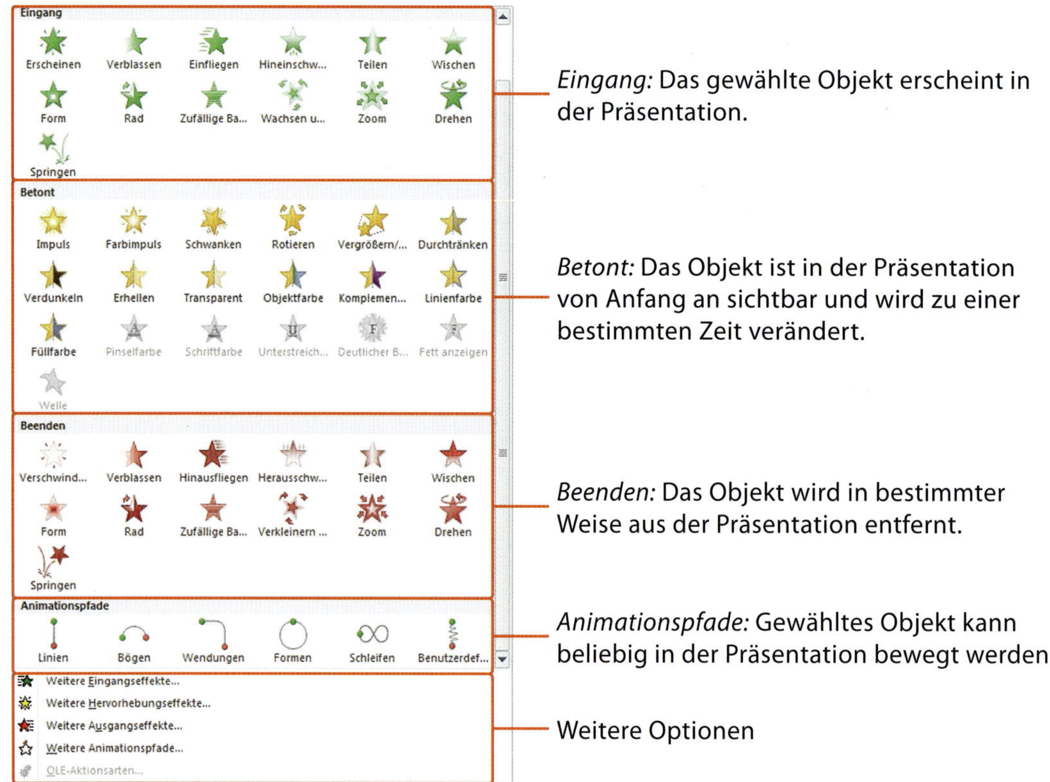

Eingang: Das gewählte Objekt erscheint in der Präsentation.

Betont: Das Objekt ist in der Präsentation von Anfang an sichtbar und wird zu einer bestimmten Zeit verändert.

Beenden: Das Objekt wird in bestimmter Weise aus der Präsentation entfernt.

Animationspfade: Gewähltes Objekt kann beliebig in der Präsentation bewegt werden.

Weitere Optionen

Mit dem Symbol *Effektoptionen* in der Gruppe *Animation* können Sie ein Feintuning für fast jede gewählte Animation vornehmen.

Benutzerdefinierte Animation

Reichen Ihnen diese Einstellmöglichkeiten nicht? Oder wollen Sie einem Objekt mehrere Animationen zuordnen? Dann verwenden Sie das Register *Animationen/Benutzerdefinierte Animation*. In dieser Gruppe stehen die gleichen Animationen zur Verfügung, können aber exakter eingestellt werden.

Animationsbereich

Es empfiehlt sich, über die Schaltfläche *Animationsbereich* ein weiteres Fenster für die Bearbeitung zu öffnen.

Wählen Sie mit Hilfe der Schaltfläche *Animation hinzufügen* eine gewünschte Bewegung aus.

Im Animationbereich sehen Sie nun eine „symbolische Darstellung" der Animation. Mit einem Rechtsklick können Sie unter *Effektoptionen* weitere gezielte Einstellungen vornehmen.

Start der Animation

Es gibt drei Möglichkeiten, um die Animation zu starten:

- Wählen Sie Start ▸ Start:

Demnach erfolgt der Start der Animation …

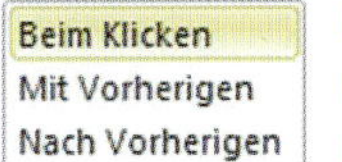

- nach Mausklick.
- zusammen mit der vorherigen Animation.
- nach Beendigung der vorherigen Animation oder nach Folienwechsel.

Dauer: 00,50
Verzögerung: 00,00

Laufzeit und Start der Animation können Sie mit den Schaltflächen *Dauer und Verzögerung* einstellen.

Haben Sie die Animationen in der falschen Reihenfolge angeordnet, können Sie diese durch Anklicken und Verschieben direkt im Animationsbereich korrekt anordnen oder über die Schaltflächen in der Gruppe *Anzeigedauer*.

TO DO

Beim Thema Animationen gibt es viel zu entdecken.

- Gestalten Sie eine Präsentation, um Ihre Lieblingsband (Lieblingsmusik) vorzustellen.
- Gestalten Sie die Folien besonders „reißerisch"!

5.5 10 Tipps für eine schlechte Präsentation

1. Kehren Sie dem Publikum den Rücken zu.
2. Verstecken Sie sich, zum Beispiel hinter dem Monitor.
3. Stellen Sie sich vor das Beamerbild (Tafel)
4. Erstellen Sie so viele Folien wie möglich und lassen Sie diese alle paar Sekunden wechseln.
5. Zeigen Sie wahllos auf den Folien herum.
6. Legen Sie ordentlich Hektik an den Tag, vor allem in der Nähe des Laptops.
7. Lesen Sie Ihrem Publikum vor, was auf den Folien steht.
8. Wer liebt sie nicht, die trockenen Fakten ohne Leidenschaft und Humor!?
9. Und sollte der Vortrag nicht so gut laufen, entschuldigen Sie sich!
10. Sprechen Sie möglichst leise und mit ungewöhnlichem Dialekt.

6 TIPPS FÜRS INTERNET

6.1 Im Internet surfen

Browser

Um das Internet bequem nutzen zu können, benötigen Sie einen Browser. Der *Internet Explorer* ist der Standard-Browser von Windows. Andere Browser wie Mozilla Firefox, Google Chrome und Opera müssen erst installiert werden.

Der Aufbau der Browser ist allerdings immer ähnlich:

- In eine Adresszeile können Sie die Webadresse eingeben.
- Tabs erlauben es, mehrere Fenster innerhalb eines Browserfensters zu öffnen.
- Um häufig verwendete Adressen nicht immer wieder in die Adresszeile eingeben zu müssen, können diese als „Lesezeichen" oder „Favoriten" abgelegt werden.
- Für eine Suche im Internet muss nicht extra eine Suchmaschine aufgerufen werden. Mit Klick in das Suchfenster oder auf den Suchbefehl (Lupe) kann nach einen Begriff gesucht werden.

Abb. 6.1 Oberfläche des Browsers Mozilla Firefox

Browsereinstellungen sind individuell veränderbar. Das betrifft unter anderem Startseite, Sicherheits- und Datenschutz und das Abspeichern besuchter Webseiten. Im Internet Explorer finden Sie die Einstellungsmöglichkeit im Menü *Extra/Einstellungen* und in Firefox im Menü *Extra/Internetoptionen*.

Surfen

Um bestimmte Internetseiten aufzurufen, wird die entsprechende Internetadresse direkt in die Adresszeile eingegeben. Nach Bestätigung mit der Enter-Taste wird die Seite geladen.

Adressen haben einen einheitlichen Aufbau. Beispiel: *http://www.jobstairs.de/azubi*.

http://	*Übertragungsprotokoll (hypertext transfer protocol); muss meist nicht eingegeben werden.*
www.	*Internetdienst für Seiten im HTML-Format (world wide web)*
jobstairs	*Subdomain*
.de	*Hauptdomain, thematische oder geografische Zuordnung der Seite (hier: de für Deutschland)*
/azubi	*Pfadangabe auf der Internetseite*

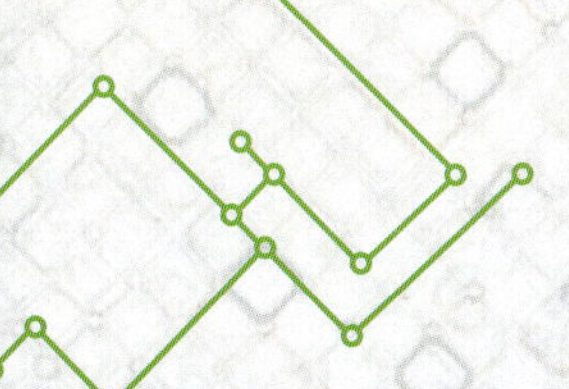

Geben Sie nun eine weitere Adresse in die Adresszeile ein, wird diese im geöffneten Fenster geladen. Um mehrere Seiten parallel zu öffnen, aktivieren Sie im Explorer eine weitere Registerkarte und in Firefox einen weiteren Tab. Die Tastenkombination Strg + T funktioniert bei beiden Browsern.

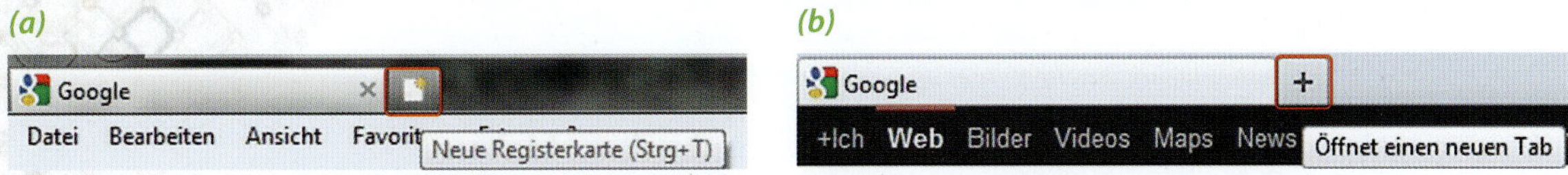

Abb. 6.2 Weitere Registerkarte öffnen im Internet Explorer (a) und in Firefox (b)

Hyperlinks

Auf den geöffneten Seiten sind sogenannte Links (Verküpfungen) farblich abgesetzt. Oft erkennt man Links nur daran, dass beim „Berühren" mit der Maus aus dem Pfeil eine Hand wird: Ein Klick – und die neue Seite öffnet sich.

Mit den Pfeilen links oben im Browserfenster können Sie wieder eine Seite „zurückblättern" bzw. die Seite erneut anschauen.

Suchen

Da im Internet jedermann alles mögliche einstellen kann, gibt es inzwischen unzählige Internetseiten. Aus dieser Vielzahl ohne konkrete Internetadresse die gewünschten Informationen, Bilder oder Videos zu finden gelingt nur noch mit Hilfe von Suchmaschinen. Yahoo, bing, web.de und Ecosia – Die grüne Suche bieten Suchmöglichkeiten im Internet an. Die am häufigsten verwendete Suchmaschine aber ist Google.

Gesucht wird unter anderem nach:
- Internetseiten/Informationen
- Bildern
- Videos
- Stadtplänen
- Reiserouten

Dazu wählt man die gewünschte Funktion aus und gibt ein möglichst präzises Stichwort in das Suchfeld ein.

Tipps für die Suche im Internet:
1. Sie können mehrere Stichpunkte hintereinander (mit einem Leerzeichen eingeben)
2. Suchen Sie Wörter in einer bestimmten Reihenfolge (z. B. bei Zitaten), müssen diese in Anführungsstriche gesetzt werden.
3. Wollen Sie Wörter aussschließen, setzen Sie vor das Stichwort ein Minuszeichen.
4. Mit Google können Sie auch Rechenaufgaben lösen.

Sie haben sich neulich eine bestimmte Seite angeschaut, können sich aber nicht mehr an die genaue Internetadresse erinnern? Dann hilft vielleicht ein Blick in die History (Chronik) mit der Tastenkombination Strg + H. Hier sind besuchte Internetseiten abgespeichert und auf Wunsch abrufbar.

Webseiten abspeichern

Bei häufig genutzten Adressen ist es sinnvoll, diese abzuspeichern, um nicht immer wieder die kompletten Adressen eingeben zu müssen. Dazu erstellen Sie sogenannte Favoriten (Internet Explorer) bzw. Lesezeichen (z. B. Netscape Navigator).

Zudem merkt sich der Browser die Seiten und zeigt schon nach den ersten eingetippten Buchstaben die gesuchte Adresse an, sofern der Browserverlauf nicht gelöscht wurde.

Favoriten abspeichern im Internet Explorer:

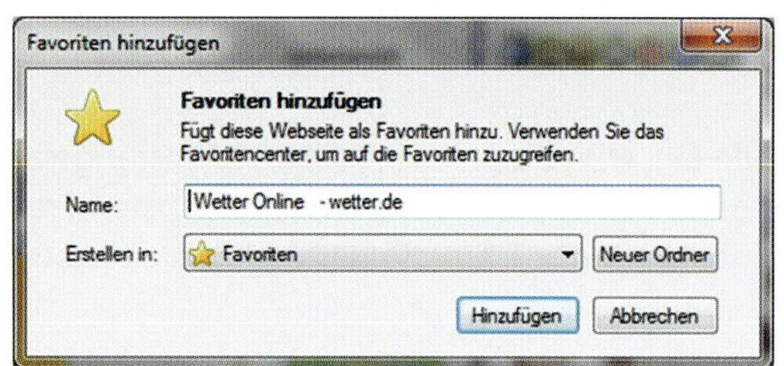

1. Internetseite anzeigen lassen
2. In der Menüleiste *Favoriten* wählen
3. *Favoriten hinzufügen*
4. Ordner für eine bessere Verwaltung der Adressen anlegen oder auswählen
5. *Hinzufügen*

Lesezeichen abspeichern in Firefox:
1. Internetseite anzeigen lassen
2. Neben Adresse in Adresszeile Stern anklicken

Um Lesezeichen komfortabel wiederzufinden:
3. Stern nochmals anklicken
4. Klick auf [⌄] in der Zeile Ordner
5. Ordner für eine bessere Verwaltung der Adressen anlegen oder auswählen
6. Schaltfläche *Fertig*

6.2 E-Mails einrichten

E-Mail-Programme

Es gibt viele kostenlose E-Mail-Programme: GMX, Web, Arcor, Google Mail, Yahoo, Windows Live etc.
Sie unterscheiden sich unter anderem hinsichtlich Speicherplatz und Adressverwaltung.

E-Mail-Adressen sind folgendermaßen aufgebaut:

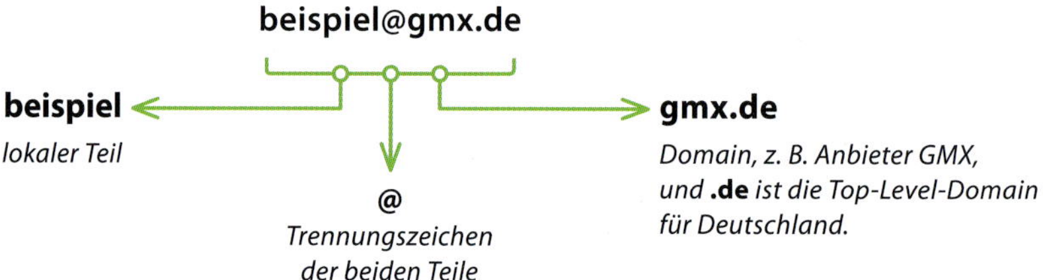

Haben Sie noch keine E-Mail-Adresse, erfahren Sie hier, wie Sie sich mit Google Mail eine Adresse zulegen können.

TO DO

- Öffnen Sie einen Internetbrowser.
- Geben Sie die Adresse www.google.de ein.
- Wählen Sie *E-Mail.*
- Schaltfläche *Konto erstellen*
- Geben Sie die geforderten Daten in die Formularfelder ein. Sie legen an dieser Stelle Ihre E-Mail-Adresse und das Passwort fest. Sie können aber nur den lokalen Teil selbst bestimmen. Der Domainname ist googlemail.com.
- Bestätigen Sie mit *Akzeptieren. Mein Konto einrichten.*

Sie können sofort alle E-Mails lesen, die bei der Kontoerstellung automatisch geschickt wurden.

In sämtlichen E-Mail-Programmen finden Sie ein „Adressbuch“, in welchem Sie E-Mail-Adressen speichern und auf das Sie beim Schreiben einer E-Mail zurückgreifen können.

Wichtiger Hinweis:
Öffnen Sie niemals Anhänge oder Links, die von unbekannten Absendern stammen!

6.3 Facebook sicher nutzen

Facebook ist das weltweit führende soziale Netzwerk. Millionen von Nutzern sind hier online miteinander verbunden. Mit dem regelmäßigen Informationsaustausch geben sie aber auch persönliche Daten von sich preis.

Bereits des Öfteren geriet Facebook in die Kritik, weil dem Netzwerk mangelnde Datensicherheit nachgesagt/attestiert wurde. Daher sollten Sie unbedingt einige Social-Media-Grundregeln beachten, um Ihre Privatsphäre zu wahren.

Überprüfen Sie unbedingt Ihre Privatsphäre-Einstellungen. Denn ändern Sie hier nichts, legt Facebook selbst fest, wer Ihr Profil sehen darf.

TO DO

- Loggen Sie sich auf der Facebook-Seite ein.
- Klicken Sie rechts oben auf *Profil bearbeiten*.
- Wählen Sie nun zu jedem Eintrag aus, wer diesen lesen darf.
- Speichern Sie Ihre Einstellungen mit *Änderungen speichern*.

Sie können verschiedene *Freundesgruppen* anlegen, um Ihre engsten Freunde von allgemeinen Freunden zu unterscheiden.

TO DO

- Bestätigen Sie eine Freundschaftsanfrage.
- Klicken Sie nochmals auf den Freunde-Button.
- Wählen Sie nun den entsprechenden Freundeskreis aus oder
- erstellen Sie eine *Neue Liste*.

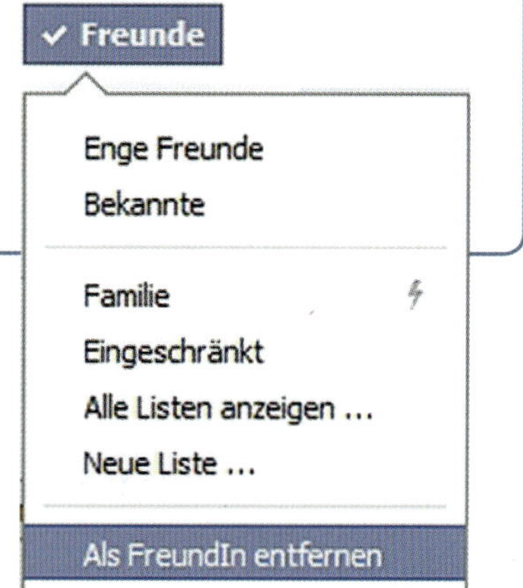

So lässt sich leichter festlegen, welche Gruppen wie viel von Ihren Einträgen sehen dürfen.

Seien Sie sparsam mit privaten Fotos. Freizügige Bilder sollten Sie generell nicht hochladen. Denn da Sie die Nutzungsrechte an Facebook abgetreten haben, ist es sehr schwer, solche Fotos wieder aus dem Netzwerk zu entfernen.

Neuste Facebook-Errungenschaft ist die *Chronik*. Wem es nicht behagt, sein digitales Leben derart offenzulegen, der sollte nicht mitmachen. Nutzer müssen die Funktion von sich aus aktivieren, indem sie auf einen Button mit der Aufschrift „Hole Dir die Chronik" klicken.

Außerdem wird den Nutzern die Möglichkeit gegeben, sehr detailliert zu bestimmen, wer welche Inhalte sehen darf. Nutzer können für jedes Element einzeln festlegen, ob es in der *Chronik* angezeigt wird und welche anderen Nutzer darauf zugreifen dürfen.

Entscheidet sich ein Nutzer dafür, die *Chronik* zu aktivieren, so präsentiert er nicht sofort seine bei Facebook eingestellten Statusmitteilungen, Fotos und Freundschaften. Die Chronik geht erst dann „live", wenn sieben Tage vergangen sind oder der Nutzer definitiv angibt, dass sie sichtbar werden soll.

Achten Sie darauf, dass Ihr Profil nur für angemeldete Facebook-Nutzer sichtbar ist – sonst kann sich wirklich jeder Ihr Profil anzeigen lassen.

TO DO

- Button *Profil bearbeiten*

  Profil bearbeiten

- Link *Privatsphäre-Einstellungen*

  Du kannst zudem deine Privatsphäre-Einstellungen aufrufen, um weitere Einstellungen anzupassen.

- Eintrag: Anwendungen und Webseiten

  Anwendungen und Webseiten
  Bestimme, welche Informationen mit Anwendungen, Spielen und Webseiten geteilt werden.

- Einstellungen bearbeiten
- Eintrag: *Öffentliche Suche*

  Öffentliche Suche
  Zeige Personen, der mithilfe einer Suchmaschine nach dir suchen, eine Vorschau für dein Facebook-Profil.

- Einstellungen bearbeiten
- Öffentliche Suche deaktivieren, also *kein* Häkchen!

  Öffentliche Suche aktivieren

- Folgefenster bestätigen